大学之道 中庸之道

何伟俊 ◎ 著

广西师范大学出版社
·桂林·

图书在版编目(CIP)数据

大学之道 中庸之道/何伟俊著.—桂林:广西师范大学
出版社,2024.3
ISBN 978 - 7 - 5598 - 6695 - 0

Ⅰ.①大… Ⅱ.①何… Ⅲ.①《大学》②《中庸》
Ⅳ.①B222.1

中国国家版本馆 CIP 数据核字(2024)第 011739 号

大学之道 中庸之道
DAXUEZHIDAO ZHONGYONGZHIDAO

出 品 人:刘广汉
责任编辑:伍忠莲
装帧设计:侠舒玉晗
广西师范大学出版社出版发行

(广西桂林市五里店路9号   邮政编码:541004)
(网址:http://www.bbtpress.com)
出版人:黄轩庄
全国新华书店经销
销售热线:021 - 65200318 021 - 31260822 - 898
山东韵杰文化科技有限公司印刷
(山东省淄博市桓台县桓台大道西首   邮政编码:256401)
开本:720 mm×1 000 mm   1/16
印张:12   字数:178 千
2024 年 3 月第 1 版   2024 年 3 月第 1 次印刷
定价:45.00 元

经典恒久远，美文永流传

人一生会阅读很多书，有的书读过之后不会再阅读，有的书却一遍又一遍地阅读，每一次读都会有新的感悟和收获；不同的历史时期会有不同的阅读重点，但总有一些书代代相传，每一代人都会仔细品味，从中汲取精神的养料，获得成长的力量。这些被人们代代相传的、被人们一遍遍品味的作品是真正的经典。《大学》《中庸》无疑是经典作品中的杰出代表。经典像一樽美酒，历久弥香，懂得品酒的方法与酒的意蕴才能感受酒之醇香；经典又像一座名山，百观不厌，有游山的率性和闲适方可见山之雅趣。

一

《大学》《中庸》原本是《礼记》的核心组成部分，是作为历史文献而被记载和传承的。从西汉末年到唐朝，随着佛教在我国广泛传播，信奉佛教的人越来越多，佛教中的一些出世因素，比如只追求个人修身养性等问题逐渐显露出来。这引起了不少有志之士担忧，比如韩愈就提出要以《大学》为纲领的理论体系，用《大学》中的修身、齐家、治国、平天下等思想来重塑人的精神世界；韩愈的弟子李翱也推出《中庸》来批判佛教的避世思想。他们开始把《大学》《中庸》提高到与"六经"同等重要的地位。

经由韩愈等一代代名家的推动，《大学》《中庸》的价值逐渐被人们重新发现、重新认识。后来朱熹将《大学》《中庸》《论语》《孟子》合称为"四书"，并倾注了大半生的心血撰《四书章句集注》。由此开始，"四书"的核心地位逐渐确立起来，成为儒家重要的经典。

朱熹在《大学章句集注》的开篇，借用了程颐的一段提示性话语，意思是说《大学》是孔子及其弟子留下来的著作，是人开始学习、进行道德修养的入门读物。我们常说："良好的开端是成功的一半。"《大学》就是读书、做学问的"开端入门之学"，非常重要。"大学之道，在明明德，在亲民，在止于至善。"《大学》开篇的这句话，阐明了《大学》的纲领，提出了儒家道德修养的目标。其通过层层递进的三个"在"字，指出了实现目标的路径，即弘扬光明正大的品性，推己及人，把这种优良的品性运用到教育上去，最后达到完善的道德境界。在此基础上，又通过"八目"系统地阐述了个人道德修养与治国安邦的关系："物格而后知至；知至而后意诚；意诚而后心正；心正而后身修；身修而后家齐；家齐而后国治；国治而后天下平。"其中，修身是根本。"自天子以至于庶人，壹是皆以修身为本。"

如果《大学》是做学问的入门读物，《中庸》则进一步阐述了做学问的方法。所有的学问和智慧，都可以凝结为一个字，那就是"道"。道是经典著作、优秀传统文化的核心智慧。一代代人学习经典、传承优秀传统文化，其关键在于掌握核心智慧。如果掌握了核心智慧就相当于承接了道统。从这个意义上看，《中庸》是为了承接道统而构建的一本经典著作。"中"和"庸"其实是两个词。观事知机，观世识理，做事得宜，言行有度，就是"中"；而将"中"普遍运用于待人处世的过程之中，就是"庸"。这说起来简单，真正做到则是一件非常难的事情。让自己为人处世逐渐向中庸的方向靠近，其途径和方法就是"率性""修道"而修身。中庸之道，其核心密码是"诚"："诚者，天之道也；诚之者，人之道也。"

《大学》《中庸》既有相同的价值追求，又有天然的内在联系。何伟俊老师将《大学》《中庸》放在一起解读，显得顺理成章。

二

解读经典，有两种不同的路径：一种是紧扣文本，对文本做逐字逐句解读和诠释；另一种则是依据个人对文本的理解，结合现实生活畅谈自己的想法和见解，不一定和文本一一对应。

何伟俊老师在这本书中，将上述两种解读文本的方法进行了有机整合。一方面，对每一章、每一节的内容，都有文意解读，联系《论语》等其他作品，对文本进行详尽考证，有些地方甚至提出了不同于历代名家的新观点，让人读来眼前一亮；另一方面，在文意解读之后，又设置了思考悟道，从文本的历史语境出发，联系当下的社会生活，着力构建经典作品和当今生活的内在联系。这样既有助于读者更好地把握《大学》《中庸》的微言大义，又有助于读者体悟《大学》《中庸》的当代意义。

在《教育的目的》一书中，英国哲学家、数学家怀特海反复强调，不能加以利用的知识是有害的。只有那些能够与人类的感知、情感、欲望、希望，以及调节思想的精神活动联系起来的知识，才是有价值的。经典作品是千百年来人类优秀文化的精华，但因为这些作品创作的年代和当下有一定的距离，所以特别需要一座桥梁，为经典作品与当今现实生活建立联系，帮助读者站在当下感悟经典作品的博大精深。何伟俊老师所做的，就是这样的"搭桥"工作。

"人"字由一撇一捺两个笔画组成，一撇代表人的必备品格，这是一个人做人的根基，是幸福人生的基石；一捺代表人的关键能力，这是一个人做事的根基，是成功人生的基石。这两者相互扶持、相互支撑，就有可能造就善于"用中""止于至善"的人。在阅读这本书的过程中，我联想最多的是，《大学》《中庸》这两本著作为我们将立德树人这一教育的根本任务落到实处提供了很好的实施路径和方法。《大学》《中庸》都认为，人的精神境界和道德水平不会随着年龄的增长自动提升，需要始终坚持以修身为本，认真仔细地去体察万物，把握并尊重其规律，听从本心，学会客观公正地看待事物，不为事物外在的假象所欺骗和迷惑。这种以修身为中心，向上联结家、国、天下，向下联结格物、致知、正心、诚意的实施路径，不正是学生核心素养培育所强调的吗？

我曾对人的必备品格进行过专题研究，提出必备品格培育的四个要素：一是要学会价值判断。要以中庸的态度，以真诚的心态，不偏不倚、客观公正地对事物的好坏、意义、重要性等作出判断。价值判断建立在对事物全面了解和把握的基础之上，这与《大学》中"八目"是否落到实处有很大的关系；价值判断提倡"三思而后行"（《论语·公冶长》），强调透过现象看本质，与《中庸》所倡导的"博学之，审问之，慎思之，明辨之，笃行之"如出一辙。二是要有自制力。一个人要有控制自己思想、情绪和行为的能力。一个有自制力的人，清楚自己到底需要什么，自我的长期目标是什么。自制力本质上是作出选择的能力，其核心是运用理性判断去做重要事情的能力。如果我们仔细品味《大学》的篇章结构，就能体会到其本身就是以自我管理、自我责任为主线来架构的，通篇体现的是自制力的培育；而《中庸》的核心是强调要进行自我修养、自我监督、自我教育、自我完善，把自己培养成具有理想人格，达到至善、至仁、至诚、至道、至德、至圣、合外内之道的理想人物。三是要有公德心。公德心指的是心中有他人，心中有规则，心中有公共意识，以及在这种公共意识的指导下所采取的适当的行为。"明明德""亲民""止于至善"，强调的是人先要端正自己的品德和行为，然后要帮助他人去端正品德和行为，使周围的人都能达到一种完善的道德境界。《中庸》曰："忠恕违道不远。"这里的"忠"，强调的是自制力；这里的"恕"，是对他人要宽容；这里的"道"，是人与人之间相处的行为准则和规范。四是要有责任心。突出的是个人对其自身所从事的工作，以及所处社会的权利与义务的一种认知和反思。有责任心的人，往往具有如下几个特点：其一对所从事的工作有强烈的使命感；其二善于"日三省吾身"（《论语·学而》）；其三总是寻找榜样来为自己设定高目标，同时努力成为他人的榜样；其四面对有违职业道德的他人或者集体，能够不顾个人的安危，勇于与不良行为作斗争。具有上述特点的人，即便所从事的工作不会给自己带来利益也会持之以恒地努力。只要他的所作所为能够推动社会进步、改善他人的命运，他就会无私地奉献。你看，这不就是最理想的中庸状态，不就是"止于至善"吗？

三

现在的人们为什么要读《大学》《中庸》？

第一，是为了传承中华优秀传统文化基因。

我们是谁？我们从哪里来？我们将向何处去？这既是哲学的基本问题，也是一个民族繁衍生息、兴旺发达必须经常思考和回答的问题。张岱年、程宜山在《中国文化精神》一书中指出，中国文化思想是一个包含诸多要素的体系。这个体系的要素主要有四个：一是天人协调，主要回答人与自然的关系。天人合一的宇宙观是《大学》《中庸》中非常重要的观念。二是崇德利用，主要回答人与自身的关系，包括人的精神生活与物质生活之间的关系等。以修身为本是《大学》《中庸》中反复强调的，也是处理人与自身关系的一个重要原则。三是和与中，主要回答人与人之间的关系，包括民族关系，君臣、父子、夫妇、兄弟、朋友等人伦关系。而这些关系也是《大学》《中庸》中讨论的重点。《中庸》的核心是"中"，强调的是通过修身，促进家庭、社会和谐发展。四是刚健有为，这是处理各种关系的人生总原则。自强不息、厚德载物等都是其具体的表现。在张岱年、程宜山看来，上述四要素以刚健有为为纲，形成了中国文化的基本思想体系。通过阅读《大学》《中庸》，我们可以从中感受到古人从宇宙观、人生观、人性观、国家观四个层面对中华优秀传统文化基因的系统梳理，能够从中找到中华民族的基本价值观和伦理道德。明白了我们的文化源自何处，就知道在新时期应该如何弘扬优秀传统文化，为实现中国梦奠定扎实的文化基础和思想基础。

第二，是为了解决人类在发展过程中遇到的各种现实问题。

联合国教育、科学及文化组织向世界公布的三个百分之一，让人倍感忧虑。在全世界人口中，每一百个人之中就有一个心理不健康的人；每一百个人之中就有一个艾滋病患者或艾滋病病毒携带者；每一百个人之中就有一个自杀者。之所以出现这样多的病人、轻生的人，一个很重要的原因就是关系失衡。一是人与自我之间的矛盾难以和解，二是人与他人、与社会之间难以和谐相处，三是人的物质生活方式与精神存在方式严重撕裂。人在群体中生活和工作，必须营造和谐的人际关系。如果每个人都非常信任、包容对方，即使在对方出现错误、出现有悖常理的行为时，也能换位思考，作出友善的回应，那么这个群体中的每个人都会解除禁锢自身的"套子"，满怀激情去学习，敞开心扉去交流，人就容易到达中庸状态，走向"止于至善"的境界。《大学》《中庸》在构建人与自我、人与人、人与自然、人与社会之间的关系方面有很多独特的方法，有实施的具体路径，加强对这些经典作品的研读，有助于当代人解决自身面临的各种现实问题，使人类文明能够更好地传承下去。

第三，是为了构建人类命运共同体。

当前世界，疫情和传统安全风险相互交织，全球治理体系和国际格局加速调整。在世界之变、时代之变、历史之变的百年未有之大变局下，和平与发展的时代主题正面临着严峻的挑战。在复杂多变的外部环境下，构建人类命运共同体，把整个地球建设成为一个和睦的大家庭，无疑为当今世界迷茫的国际关系描绘了共同发展、共同进步、共同安全、共同繁荣的美好蓝图。《中庸》曰："唯天下至诚，为能尽其性；能尽其性，则能尽人之性；能尽人之性，则能尽物之性；能尽物之性，则可以赞天地之化育；可以赞天地之化育，则可以与天地参矣。""和"既是《中庸》的主题，也是中华优秀传统文化的重要内核。中华文明之所以历经五千年风雨而未中断，始终保持旺盛的生命力，关键在于"和"的智慧和力量。"和也者，天下之达道也。"构建人类命运共同体，核心就是要用"和"文化去解决人类面临的共同难题，努力建设一个和平、和合、和谐的大同世界。

上述三点，在何伟俊老师的思考悟道中多有涉及，这里不再一一列举。

感谢何伟俊老师，让我有机会先睹为快。以上是我在通读了这本著作之后的一些想法，不妥之处，敬请批评指正。

常生龙（研究员、特级教师，上海市教育考试院副院长，《中国教育报》"2012 年度推动读书十大人物"）

前言：细读文本，传承文化

在 20 世纪初的新文化运动中，儒家文化受到了强烈批判，最为大家所愤恨的是封建帝王时代的"三纲五常"。"三纲五常"有价值吗？"三纲"是君为臣纲，父为子纲，夫为妻纲。后来有人认为，"三纲"是儒家创始人孔子在回答齐景公问政时说的"君君，臣臣，父父，子子"（《论语·颜渊》）。这一句被无数人认为是"三纲"思想源头的话，孔子表达的本义是做好自己的事，双方和睦相处，毫无单方面臣服的意思。"君君，臣臣，父父，子子"的意思是，国君像个国君的样子，大臣像个大臣的样子，父亲像个父亲的样子，儿子像个儿子的样子。孔子认为，不同职业、不同身份的人都做好自己应该做的事，承担自己为人处世应有的责任，人们的生活就到位了，可以国泰民安了。"五常"是仁、义、礼、智、信。"五常"是《大学》《中庸》《论语》《孟子》的核心思想。人的生存离不开"五常"，现代社会各行各业需要相互配合，平等相待，相互关心、信任，同心合力，共同遵守社会法则，如此，社会群体的信赖才能到位，国富民强的理想才能真正实现。

从新文化运动来看，对中华优秀传统文化的了解不能仅仅依靠封建帝王时代的政治制度，应该从解读文本的角度真正理解经典作品的内涵。当然，历史发展了，未来社会对传统文化的传承需要区别对待，不适合现代社会的思想、行为应该抛弃，有意义有价值的思想、行为才可以传承，革故鼎新。人类社会的发展离不开历史，每个时代的人，把自己的事做好，对当下有益的古人的思想，我们应该心怀感恩。

日本明治维新改革的效果为什么那样好？一是科学技术上学习西方，二是社会文化上学习中华优秀传统文化。在日本，以文本细读的方式研究《论语》等中国儒家经典的学者很多。日本思想史学家子安宣邦写了一本书——《孔子的学问：日本人如何读〈论语〉》。他在书中说："从 17 世纪到 19 世纪后期，构成近世日本社会思想主流的正是儒学思想。"日本著名的汉学家白川静，他阅读《论语》后写了《孔子传》。他在书中说："我们在阅读《论语》时，不仅能想象到孔子的音容笑貌，也能捕捉到那不灭的精神。孔子唯有在《论语》里是活着的。"仔细解读文本，对中华优秀传统文化思想价值的理解才更到位。

对中国古代经典的诠释是对经典文本意义的深层理解和延伸。通过细读、分析，尽可能理解经典的本真意义，可以经过内容诠释发掘其中蕴含的当代价值和对人类的普适性意义。诠释学必须关注文本。德国哲学家、诠释学家伽达默尔在《真理与方法：哲学诠释学的基本特征》中说："谁想理解一个文本，谁就准备让文本告诉他什么。因此，一个受过诠释学训练的意识从一开始就必须对文本的另一种存在有敏感。但是，这样一种敏感既不假定事物的'中立性'，又不假定自我消解，而是包含对我们自己的前见解和前见的有意识同化。我们必须认识我们自己的先入之见，使得文本可以表现自身在其另一种存在中，并因而有可能去肯定它实际的真理以反对我们自己的前见解。"文本的价值重要，就是孔子说的"不知言，无以知人也"（《论语·尧曰》）。不辨析、理解文本的语言，就不能了解人的思想、精神。解读离不开文本，也离不开作者和读者。现代西方诠释学以文本、作者、读者为阅读的三维思维路径。首先是对文本意义的把握，其次是理解、发掘作者的意图，最后是读者在文本意义、作者思维的基础上有所发挥，有自己的领悟，感受到经典作品对自身思想感情、文化知识的启示，对当下社会生活的指导意义。解读文本而感悟经典作品的意义，并不损毁读者的个体性特征。读者的个体性特征映射着作者的整体性精神，通过对古人思想的理解，使传统文化焕发新的生命力。

解读古典文本从参阅注释到对文本进行整体诠释，是为了从整体上对文本的意义进行解读，透过表层语义达到对文本内在意义的理解。《大学》《中庸》原为《礼记》中的两篇文章，南宋时朱熹把《大学》《中庸》抽出来，成为独立文本，与《论语》《孟子》，合称"四书"，供人阅读。《大学》《中庸》文字不多，但主旨性、整体性很强。《大学》的主题、大学之道的文化主旨即文本开头的第一句话："大学之道，在明明德，在亲民，在止于至善。"朱熹将其理解为并列的"三纲"，"明明德"是根本。《大学》的教育目的、宗旨是彰显、弘扬光明正大的品德，有了优秀的品德才可以革新人类社会（"亲"，古代汉语中通"新"；"民"，古义既指人民、百姓，又泛指人、人类），由此走向人类美好的未来。朱熹把格物、致知、诚意、正心、修身、齐家、治国、平天下称为"八目"。但《大学》围绕"德"，只是整体上从六个方面——格物致知、诚意、正心、修身、齐家、治国平天下来具体阐释。从文本内容看，《大学》最后一章，整体上具体表达的是怎样治国，而没有讲如何平天下。其实真正治其国了，天下自然太平。《中庸》的主题、中庸之道的文化主旨也是文本开头的第一句话："天命之谓性，率性之谓道，修道之谓教。"（"修"，古义为学习、遵循）人的生存离不开天命，需要真诚、公正地遵循天道（"率性"）；为了适应大自然、生存得好，还需要"修道"，研究人的天性和自然之道，在"率性"的基础上通过探讨、学习找到更适合人类生存的规律和方法，面对现实生活修身养性而生活得好。《中庸》的主要内容就是围绕"修道"、修身，从不同视角具体阐释为政者的为人处世而将天下事做好，也启发天下所有人的为人处世而将事情做好。

大学之道、中庸之道是相通的，"修道"、修身就是"明明德"，教化自己养成各种美好的品德。通过整体性解读、细读《大学》《中庸》，读者可以从文本中理解传统文化的现代价值，从曾子、子思、孔子身上感受到他们对人类理想社会的追求，形成自己的领悟和发现。人的生存离不开道。在全球化时代，缅怀、传承中华优秀传统文化的"曾在"，努力工作于"现在"，追求天下大同的"将在"，真正笃行大学之道、中庸之道，社会发展就会走上真、善、美的正道——真诚待己，与人为善，美美与共。

目录

大学之道——《大学》释读

中庸之道——《中庸》释读

大学之道
——《大学》释读

全文概读：整体结构体现大学之道的主旨

　　"大"，甲骨文写作 🧍，刻画的是成人的正面形象，表示立于天地之间有力量的人，即抽象意义的大。许慎《说文解字》曰："天大地大人亦大，故大象人形。"从"大"的字源、本义可以发现，《大学》中"大学"的含义与今义有所不同。在古代，"大学"一词一方面是博学的意思，另一方面是相对小学而言的"大人之学"。古人八岁入小学，学习"洒扫、应对、进退之节，礼乐、射御、书数之文"（《四书章句集注》）等基础知识和礼仪规范；十五岁入大学，主要学习伦理、政治、哲学等学问，进入"穷理、正心，修己、治人"（《四书章句集注》）的学习状态。"大学"一词，不能仅认为是教育机构，是学习场所，是名词；还可以把它看作形容词，是"大"的学习，高层次、高境界的学习，提升自我、深化自己的学习。古人经历大学的学习过程，达到大学的目的、宗旨，"修己"而"治人"，为的是到朝廷能做一个好官、治理好社会。"穷理、正心，修己、治人"，大学之道的社会管理价值，值得当下传承、借鉴。

　　《大学》的作者，一说是曾参。曾参，字子舆，小孔子四十六岁，是孔子的得意弟子，在《论语》中多次出现。"曾子之妻之市"，是曾参为儿子杀猪的故事，大家耳熟能详。"吾日三省吾身：为人谋而不忠乎？与朋友交而不信乎？传不习乎？"（《论语·学而》）"士不可以不弘毅，任重而道远。仁以为己任，不亦重乎？死而后已，不亦远乎？"（《论语·泰伯》）《论语》中曾参的这两段话，体现了曾参的人格特征——注重意诚心正、好学修己，自我修养境界高，追求仁德，性格温文敦厚，默默无闻又精进不止。曾参的品德体现了《大学》的主旨——"明明德"。他是儒家正统思想的忠实传人，其修身、齐家、治国、平天下的政治观，省身、慎独的修养观，以孝为本的孝道观，对中华传统文化传承有一定的影响。他传承、弘扬孔子的思想和学问，又参与将孔子的言行整理成《论语》，上承孔子之道，下开思孟学派，对孔子的思想一以贯之，一说其著述《大学》《孝经》等。曾参在儒学发展史乃至中华文明史上占有重要的地位。

《大学》全书十一章。第一章开宗明义，表明了主旨：一是大学之道的"三纲"（"明明德""亲民""止于至善"）；二是达到"三纲"需要修行的具体策略，即"八目"——格物、致知、诚意、正心、修身、齐家、治国、平天下，概括性地强调修身是为人的根本。为政者修身的目的是齐家、治国、平天下，管理、服务好他人，说明齐家、治国、平天下和为政者道德修养的一致性。第二章至第四章，以《尚书》《诗经》中的文本为例，分别阐释"三纲"。第五章以儒家创始人孔子如何对待诉讼的一句话，阐释第一章中"物有本末，事有终始。知所先后，则近道矣"的内涵，强调凡事都要抓住根本。"君子务本，本立而道生。"（《论语·学而》）"本立"才能走向大学之道。第六章至第十一章围绕一个话题，阐释"八目"：第六章，阐释格物、致知；第七章，阐释诚意；第八章，阐释正心；第九章，阐释修身；第十章，阐释齐家；第十一章，阐释治国、平天下。这六章具体说明如何修行"八目"而抵达"三纲"的最高境界，真正走向大学之道。也就是说，《大学》表达的主旨是大学之道的"三纲""八目"，以"八目"具体阐述如何达到"三纲"。

由此可见，《大学》的整体性、系统化思维很强。其内容是完整的整体，围绕作为儒家核心理念的道德修养，就具体原则和方法进行详细阐释，内涵深刻，对为人、处世、治国具有深刻的启迪性。每一章都密切联系其主旨，每一章也具有相对的整体性，部分与整体融为一体。西方诠释学认为，理解的开端是整体，其终点是作为部分与整体的统一体之整体。在理解过程中，部分与整体是相互作用的，任何部分的突破，无不影响着对整体的理解；反之，对整体的理解深化，必然达到一种新的境界，将重新审视对部分的理解，并对部分与部分、部分与整体之间的关系做相应调整。从理解的整体性特征来说，在理解过程中，部分与整体所完成的实际上是一个圆圈式的双向循环运动，而不是直线、单向运动。《大学》的整体性强，用以循环性、整体性解读为特点的诠释学方法解读《大学》，对文本的理解更到位，既可以传承古人的文化思想，又可以发现对当今世界和谐发展不可低估的现实意义。

全文细读：探究大学之道

第一章　大学之道的"三纲""八目"

大学之道，在明明德，在亲民，在止于至善。知止而后有定，定而后能静，静而后能安，安而后能虑，虑而后能得。物有本末，事有终始。知所先后，则近道矣。

古之欲明明德于天下者，先治其国；欲治其国者，先齐其家；欲齐其家者，先修其身；欲修其身者，先正其心；欲正其心者，先诚其意；欲诚其意者，先致其知；致知在格物。

物格而后知至；知至而后意诚；意诚而后心正；心正而后身修；身修而后家齐；家齐而后国治；国治而后天下平。

自天子以至于庶人，壹是皆以修身为本。其本乱而末治者，否矣；其所厚者薄，而其所薄者厚，未之有也！

文意解读

第一章为《大学》的总纲，开门见山，表明大学之道。"道"，金文写作 澄。本义为所行走的道路，途径，方向。"道"不仅有"道路"形而下的含义，而且有形而上的含义，引申为人生的理想、追求的目标。后又引申为规律，道理，为人处世要遵循规律如同走路要遵循路径。再引申为真理、正义等。大学之道的"道"主要指宗旨、道理、规律和主张等。大学之道是怎样的呢？通过大学的学习而后为政，需要达到的目标、形成的思想、明白的道理在于"三纲"——"明明德"，"亲民"，"止于至善"。大学之道的第一个纲领是"明明德"。第一个"明"字是动词，是显明、彰显的意思；第二个"明"字是形容词，光明、美善的意思。大学之道的宗旨、道理和需要形成的主张，在于要彰显光明、美善的品德。第二个纲领是"亲民"，也就是革新自我、革新社会。"亲"，古代汉语中通"新"，这里理解为革新，与以"新民"为中心的第三章融为一体，符合《大学》的整体性。"民"这里不是人民、百姓的意思，而是人、人类的意思。大学之道有了明德的根基，就可以不断革新自我、革新社会。弃旧图新，最终抵达第三个纲领"止于至善"——在明德、革新的基础上可以追求美好的未来，达到完美的目标和境界。"止"，甲骨文写作 ，象脚趾头张开的脚掌形状，以三趾代五趾。有的甲骨文写作 ，简化为线描。金文写作 ，变化较大。本义为脚趾、脚。引申为到达、站住、停止、居住。至善，是完美的意思。

第一节"三纲"的关键词是"道""德"。古代没有"道德"的概念。《大学》里，"道""德"不是合在一起的固定词，而是分开的，含义有相近之处，指向却不完全一样。"道"的含义前面说了。"德"的甲骨文的意思是"看得正，行得直"，本义为道德（人与人、人与社会相处的行为准则和规范），品行（道德的行为），引申为恩惠、心意。古代主要是单音词，双音词很少，后来"道""德"合在一起为双音词。道离不开德，有德需行道，为了治国、平天下需要管理的道和人品的德，也就是现在的法治、德治融为一体，个人的成长、发展也离不开守道、行德。现在，对"道德"一词的理解不一定概念化，可以从"道""德"的含义分辨，融合地领悟其内涵。

怎样向往大学之道呢？"知止而后有定，定而后能静，静而后能安，安而后能虑，虑而后能得。"从整体性语境、系统化思维来理解，"止"就是"止于至善"，明白了达到至善的目的和理想，就会决定、确认为人处世的行为；确定了自己该做、想做的事，内心可以安静下来；内心安静而思考如何实现自己的理想，最后就会有所收获。"止于至善"的理想不一定完全实现，但有了"定""静""安""虑"的心理、精神，向美好的终点迈步，终会遇见美好的未来。"物有本末，事有终始。知所先后，则近道矣。"这句话与开篇相呼应，是阐释向往大学之道的行为规律。怎样才能接近大学的目的、道理呢？要知道行为的先后。这里的"先后"不是简单的有始有终，什么事只是从开始到终点。这里的"事有终始"而不是事有始终，以"本""终"为先。"知止"就是知"终"为"先"，以"终""本"的理想作为起步的动力。比如我们眼前看到的是枝叶茂盛、繁花似锦，但如果没有草木在地下的根本，就欣赏不到妩媚多姿的花叶。当然，"本"也是为了"末"，根为的是长叶、开花、结果。

第二节、第三节，来回说明大学之道的"八目"。"八目"是《大学》的核心思想，是大学学习实施"三纲"的途径、方法、措施和策略，也是大学之道。第二节以古代圣贤管理天下的崇高追求体现大学之道的主旨——"明明德"。"明明德"的"德"是指什么？从"古之欲明明德于天下者，先治其国"和"国治而后天下平"可以知道，这里的"德"抽象地看是道德的意思，具体地看是"天下平"的心意。"明明德于天下"即"天下平"，没有"天下平"的道德是空虚的。大学的理想是造就杰出的统治、管理阶层，因此用"古之欲明明德于天下者"作为示范。"古"常指古代的盛世，代表人物是尧、舜、禹、商汤、周文王、周武王和周公旦等圣贤，他们面对百姓"明明德"而"亲民""止于至善"。"八目"，怎样通前至后呢？然后以顶真的修辞手法系统化说明——古代这些具有"天下平"的心意，想弘扬光明美善品德的圣贤，先要治理好自己的国家；要治理好自己的国家，先要治理好自己的家族；要治理好自己的家族，先要修养好自己；要修养好自己，先要端正自己的心意；要端正自己的心意，先要使自己的意念真诚；要使自己的意念真诚，先要使自己获得（对万事万物的）见解和认识（这里的"知"不是知识的意思，而是见解、认识的意思）；获取见解和认识在于推究与人的生存相关的万事万物（这里的"物"不仅指客观存在的物体，而且指自身以外的环境、社会和人等现象）。"八目"联系丌篇探求大学之道的规律性——从"本"往"末"、从"终"往"始"说。因为欲求"明明德于天下"的"本""终"，所以需要平天下、治国、齐家、修身、正心、诚意、致知、格物。这也概括出古代圣贤具有巍巍乎的"明德"，而追求"亲民"的日日新，最终"止于至善"。

第三节从"本"返回"末"，从"终"返回"始"，回到起点、实践，表明"八目"的价值，正反说明"八目"之间的密切关系。为了达到美好的"本""终"的理想境界应该怎么开始，怎么做呢？进修的阶梯是——"物格而后知至；知至而后意诚；意诚而后心正；心正而后身修；身修而后家齐；家齐而后国治；国治而后天下平"。"知所先后"，从理论角度来看，先知终极目的、理想，而后才能真正开始做事；从实际角度来看，面向终极目的先从起点做起，一步一步按照正确、合理的规律和方法向前、上升，最后达到预设的方向、美好的理想。第二节、第三节前后返回表达，说明从理念上需要先"终"后"始"，从实践上需要先"始"后"终"。"本"与"末"，"终"与"始"，它们之间先后关系是辩证的。"本"是为了"末"，"末"离不开"本"，"终"离不开"始"，"始"离不开"终"。

最后一节确定修身是达到大学之道的根本——上自统治者（使天下明德而太平），下至百姓（使自己和家族生活得好），人人都要以修养品德为根本。如果修养品德的根本被扰乱了，要治理好作为"末"的家族、国家就不可能了；如果忽略了应该看重的事，重视了应该忽略的事，要达到齐家、治国、平天下，这是从来没有过的事。联系前面的"物有本末"，这里的"修身为本"，由此可以推行到齐家、治国。"修身为本"才有人生美好、人类幸福的终极目的。不修养好自己而不明"本""末"、不明"终""始"，不分轻重缓急，那就走不上正道，做不好事情。

第一章开门见山，"三纲""八目"是大学之道的主旨。从"道"的意义来理解，大学之道的"三纲"是指大学学习的道理、思想和规律等；大学之道的"八目"是指大学学习的途径、方法和措施等，是达到"三纲"的具体策略。第一章的第一句提出"大学之道"，这一章最后一节强调"修身为本"，修身的"本立"方有大学之"道生"。《大学》"三纲""八目"的结构，构成大学之道的系统化思维。"八目"是一棵树，修身是它的根。格物、致知、诚意、正心都是为了修身，为品德成长奠定基础。只有在修身的基础上，才能进一步齐家、治国、平天下，实现"明明德""亲民""止于至善"。

思考悟道："知所先后"而"近道"，修身立德而为人处世

著名物理学家李政道说："信息不等于理解。"[①]大学之道，不仅是知识的信息化理解，而且要往深处去探究，理解其内涵和价值。大学学习是提升自己的学问、素养的高层次的学习。围绕大学之道主旨的"三纲"，是古代大学学习的目的、培养的目标，重点在于使受教育者"明明德"，受到

---

① 李政道：《物理的挑战》，北京：中国经济出版社，2002年，第12页。

道、德的教化并能弘扬道、德，进入朝廷后在社会上弘扬、彰显道、德；也在于形成"亲民"观念，具有"苟日新，日日新"的齐家、治国的弃旧图新思想；还在于追求"止于至善"，使天下太平面向美好的未来。达到这样内涵深厚的教育目的的路径是格物、致知、诚意、正心、修身。这个路径需要的心理模式是由"知止"而"有定"，由"有定"而"能静""能安""能虑""能得"，从而知物之"本末"和事之"终始"。为人处世，通过勘察万事万物，从事物的根本而为、面向美好的未来行道，身体力行而建功立业，就能实现大学之道。

走向大学之道的路径——就是"知所先后"则"近道"。首先有未来的目标并致力于根本的事情，其次有努力向上的具体实践。顺序不颠倒，才能渐进，最后达到至善的目的。这个顺序是先"终"后"始"，先"本"后"末"。"本"和"终"是指"止于至善"。朱熹说："言明明德、新民，皆当至于至善之地而不迁。"（《四书章句集注》）即做人做事以达到至善作为自己理想的境界，才能确定自己的志向。我们常说有始有终，从时间上来说，确实是这样。我们既要面对当下的生活和具体的事情，又要关注美好的未来。为了美好的未来而好学、乐学，孔子提醒弟子"后生可畏，焉知来者之不如今也"（《论语·子罕》）。从"存在与时间"的哲学角度来看，没有未来就没有当下。《大学》里提到的"事有终始"很有哲理，从存在性的理念来看，既需要有始有终地去实践，又需要明确人生志向后好好开始，主动进取，达到至善，就像孔子"十有五而志于学"（《论语·为政》），"下学而上达"（《论语·宪问》）。

比如旅游，我们一般都会先确定到达的终点才出发。只有预想了终点，才能确定路程。做事离不开始终，更离不开终始，最终的理想就是开始出发的原因。慎终方可追远，"终"就是开始行动的"先"。明白了"明明德""亲民""止于至善"的美好追求，才能"定""静""安""虑"，不断进步，有所收获，勇往直前，走向"八目"的大学之道。"事有终始"，即孔子高瞻远瞩的生存思想——"人无远虑，必有近忧"（《论语·卫灵公》）。《中庸》里"凡事豫则立，不豫则废"也是"事有终始"的理念。当你想做好一件事，才会开始动脑筋认真地去做。理想不一定能完全实现，但人生之路总要向美好的终点迈进，就像水流向海洋一样。至善是立德的"终"，至善作为远虑，作为自己人生追求的目的、理想，才可以重视修身的"始"，有了对理想坚定不移的信念而不"近忧"。"始"离不开"终"，"终"离不开"始"，"终"须为"先"，而后的"始"方可近"终"。当我们心中先有"终"，也需要走好脚下的"始"，勇往直前而不是原地不动，方可往"终"；当我们心中先有"本"，也需要做好眼前的具体事情（"末"），方可达"本"。就教育来说，教师先在心中有学生的美好未来，为了学生的健康成长，而后开始做好眼前的事情，而不做急功近利的、饮鸩止渴的、拔苗助长的对学生有害的事情。这是"知所先后"的大学之道。

从"知所先后"的思维来看，曾参为什么以"明明德"作为大学之道的根基，以修身为本呢？作为孔子的得意弟子，他继承、弘扬孔子的思想和社会理想。孔子的政治理念、为人注重德。孔子说"为政以德""道之以德"（《论语·为政》），孔子又说"君子怀德"（《论语·里仁》），"志于道，据于德"（《论语·述而》）。为了立德，曾参注重先要修身。他说，"吾日三省吾身：为人谋而不忠乎？与朋友交而不信乎？传不习乎？"（《论语·学而》）"士不可以不弘毅，任重而道远。仁以为己任，不亦重乎？死而后已，不亦远乎？"（《论语·泰伯》）人通过修身，才能立德；品德不断提升，才能使社会革新；社会不断革新，不断进取，奋发图强，才能达到至善的境界。"明明德""亲民""止于至善"，不一定能完全做到，但这样的大学之道是使人身心成长、社会进步的动态历程。

《大学》的修身主要指政治化的大学之道，是管理者需要的品德。从"物有本末"来看，修身立德是治国之本。古今中外的治国者都会利用道德来规范、约束人们的行为，以利于国家的发展和强大。当然，社会的文明与和谐，也离不开修身和道德的支撑。对普通人而言，一个人只有先修身才能做好自己，才能与人和睦相处。这里的"修身"概念与《中庸》的"修道"（"天命之谓性，率性之谓道，修道之谓教"）概念是相通的。"修道"，就是研学、锻炼，顺从本性做事，使之更符合现实生活。"修道之谓教"的"教"，既包含自我教育、修养好自己，也包含社会教化。修身是人生的第一要务，从提高个人修养出发，我们才能做好其他事情，实现远大的理想和抱负。人生的发展离不开理想，但若自命不凡、好高骛远，不从修身立己做起，就会己身不正，事不可成。

修身是为人处世之本，即做事先做人。修身是满足人生存、享受和发展三大需求的前提和基础。搞事业好比建大楼，修身立德就好比打地基，大楼要想盖得高，地基就必须打得深、牢固。看不见的地基重要，人内在的修养也很重要。没有稳固的地基，就没有高楼大厦；没有深厚的修养，就没有人生的志存高远。

修身也是人追求幸福、美好，实现人生价值的根本。修身立德，就可以保证人生向正道的方向发展并有所成效，使人的成长具备动力。知识、技能需要学习，而人一旦丧失公德心，品德出现问题，就会走上不文明乃至违法犯罪之路，那将会受人鄙视，以致失去自由，丧失朋友、家庭和生存的希望。因此，修身是每个人的立身之本，亦是为人处世赖以生存的根基。

个人修身而具有了内在修养，往往决定其外在的做事行为。有修养在生活中有哪些表现呢？第一，为人处世的文明习惯和自觉行为；第二，自己的行为有所约束；第三，与人相处推己及人、为他人着想；第四，为了自己、他人，主动积极做家务事、公务事。当然在现实生活中，将事情做好并不容易，只有通过修身尽量做好。公众场合各种温馨的提示语，就是为了帮助人们修身立德，防止发生不文明的现象。比如公厕里张贴的提示语"来也匆匆，去也冲冲"，会议室里张贴的"请保持会场安静，请将手机调至静音状态"，公园草坪上张贴的"请您脚下留情"，展览馆里张贴的"请不要大声喧哗和拍照"……这些提示语在提醒人们与人相处时要守德，但也有人不会改变自己的行为。违反道德的行为就是自己不重视修身的表现，忽视个人行为的粗俗、低下会给他人、社会带来不良的影响。

修身立德为什么重要呢？这一章阐明了道德是道和德的融合，意思是为人处世言行的准则和规范。人类社会离得开准则、规范吗？社会群体的共存不需要准则、规范吗？联系当下的社会规则，修身立德就是树立社会主义核心价值观、世界观和人生观。"九层之台，起于累土；千里之行，始于足下。"（《道德经·第六十四章》）当下社会需要将仁、义、礼、智、信的儒家思想融入社会主义核心价值观，使修身养性更到位。修身立德，在生活中具体需要从哪些方面做起呢？古人修身，以内省、自讼、慎独来约束自己。孔子为约束自己而"绝四"——"毋意，毋必，毋固，毋我"（《论语·子罕》），现在的人可以借鉴。修身要像曾参一样"吾日三省吾身"（《论语·学而》），学会自省，常思己之过，"过则勿惮改"（《论语·子罕》），不把错误推给别人，同时谨言慎行，善于剖析自己，及时改过。人生活在社会群体中，无非是做到三点：做好自己，与他人友好相处，在社会群体中共同生活得好。修身立德为的是做一个好人，注重改过自新；做一个有道德的文明人；做一个有美好追求的人；做一个助人为乐有益于大众的人。做好人才能做好事，通过换位思考，唤起自己的责任心，形成处处为他人着想的品德。

人们常以做事先做人告诫别人，表明为人处世的根基在于自身的德行。世间办事的方法有千万种，前提是以德做人、以德行事、以德服人。这也是孔子将做人、做事、做学问融为一体的教育价值。"子曰：'弟子入则孝，出则弟，谨而信，泛爱众而亲仁。行有余力，则以学文。'"（《论语·学而》）意思是年轻人，在家里要孝敬父母，出门在外要恭敬兄长，行为谨慎，言而有信，博爱众人，亲近有仁德的人。这样为人处世的言行做到了还有余力的话，就去学习文化知识。孔子激励弟子先修德再为学，先学做人再学做事、做学问。《易经》里说："厚德载物。"德行是人发挥才学的保障，有道德才能得到社会认可，才能在为人处世中发挥自己所学的知识、技能。

从教育来看，孔子认为"行有余力，则以学文"是修身立德后再学文化知识，即现在教育的德育为先。作为教育者，要注重学生的道德教育，知识教育与道德教育应该结合起来。教育者的思想品德是教育的根本，以自己的德行率先垂范，抓住这个根本，才算得上是成功的教育。大学之道的修身立德，就是现在教育注重的立德树人，对当下、未来都有启迪。

孔子注重修身。他告诉子路"修己以敬""修己以安人""修己以安百姓"（《论语·宪问》）。立德的起点是什么？是修养自己的身心，提升自己的道德修养。道德的最高理想和最终目的是什么？是为了成事，使大众安乐，没有空虚的道德境界，没有不涉及他人的道德修养。一切道德修养都要从是否有益于他人出发。成事的根源在于有德，知道了修身立德是为人处世之本而为先，人生则"近道"，为人则成事，在不断革新中追求人生的至善。"做事先做人，拥有好人品。"这句箴言值得常记心中。人人都修身立德，则人与人之间合作共赢，其乐融融；大家众志成城，任何困难都可以克服。

第二章　上古圣贤的"明明德"

《康诰》曰："克明德。"《大甲》曰："顾谉天之明命。"《帝典》曰："克明峻德。"皆自明也。

文意解读

这一章引用了《尚书》中简短的词组，凸显的是大学之道"三纲"之一的"明明德"，强化读者以"明明德"的主旨意识系统化地阅读《大学》，加深对"明明德"的理解，并由此去细读《尚书》。

以整体性、系统化思维解读，这一章引用的三处呼应"三纲"之"明明德"，以尧、商汤、周文王以德治国的具体事例阐明大学之道的"明明德"，以此引证弘扬人性中光明美善的品德是从夏、商、周时代就已经开始重视、落实了，有据可查，有理可证，而不是后来的社会别出心裁、标新立异的现象。

《康诰》为《尚书·周书》中的一篇，是周公旦对康叔的告诫之辞。康叔是周武王和周公旦的同母少弟。周公旦率军平定管叔、蔡叔等人的叛乱之后，把原武庚封地和商朝遗民封给康叔，立为卫侯。《尚书·周书》中原句是："惟乃丕显考文王，克明德慎罚。"这句话的意思是，唯有你英明高大的老父亲周文王，能够彰显德行而慎用刑法。《大学》这一章只引用了其后半句的词组"克明德"，与"明明德"相呼应。

《大甲》即《太甲》，是《尚书·商书》中的篇名。太甲是商汤的嫡长孙，太丁的儿子，在位十二年。太甲刚继位时，由四朝元老伊尹辅政。前两年，太甲的表现还算过得去，从第三年起就不行了，一味享乐，暴虐百姓。伊尹劝太甲不要违背道德，他不听不改。伊尹只好暂时将他放逐到商汤墓地附近的桐宫居住，让他反省，历史上称为"伊尹放太甲"（这也可以用摩罗的《国王的责任与权力》相验证）。太甲来到商汤墓地见祖父坟墓简陋，了解了祖父创业的艰苦，决心痛改前非。三年后，伊尹见太甲真心悔过，迎他到亳都，还政于他。从此，太甲勤政爱民，天下大治。《太甲》记录了这件事的经过。《尚书·商书》里《太甲》分上、中、下三篇。这里引用的是《太甲》上篇的前几句："惟嗣王不惠于阿衡，伊尹作书曰：'先王顾諟天之明命，以承上下神祇、社稷宗庙，罔不祇肃。天监厥德，用集大命，抚绥万方。'"意思是，继位的太甲不听从伊尹的教导，伊尹就写文章（教育他），说：先王商汤顾念不忘彰显的天命，接受天地的赐予，祭祀社稷、祖先，没有不恭敬严肃的。天赋予商汤为政的道德，任用他治理天下，安抚天下。伊尹是告诉太甲，他的祖先商汤时刻铭记天赋予他的使命，恭敬严肃，具有天下赞同的光明美善的品德，暗示太甲要继承商汤的美好品德。这一章引用其中的"顾諟天之明命"，"明命"与"明明德"相通。

《帝典》即《尧典》，《尚书·虞书》中的一篇。《尧典》记载了尧和舜的事迹。《尧典》开头一段内容为："曰若稽古，帝尧曰放勋。钦、明、文、思、安安，允恭克让，光被四表，格于上下。克明俊德，以亲九族；九族既睦，平章百姓；百姓昭明，协和万邦；黎民于变时雍。"意思是，考察古时历史、传说，帝尧名叫放勋。他治理天下政务严肃恭谨，思虑明达，仪态文雅，深谋远虑，温和宽容，诚信、谨慎，能谦让，光芒覆盖四方，充满天地。他的行为能彰显自己出众的才智和品德，使家族和睦；家族和睦了，辨明部落联盟百官的优劣而各得其所；使百官族姓次序清楚明白，又协调诸侯万邦；使天下民众和睦相处。即帝尧用他的智慧、才干和道德治理天下，天下和睦清明。《大学》这一章引用了《尧典》中的"克明俊德"（"俊"即"峻"），与"明明德"相通。

最后一句总结三位圣贤"皆自明也"，他们都彰显了光明美善的道德。

思考悟道："明明德"之道在"自明"而自我修身

围绕"明明德"，这一章四句话的关键词是"明德""明命""明峻德""自明"。这里的"明"是明白、明显、显示、彰显的意思。"明"字左"日"右"月"。没有日、月，就没有明亮的天下；没有光明，就没有人类美好的生活。孔子建议弟子"视思明"(《论语·季氏》)。人通过学、思、行，明白了自己，明白了他人，明白了生活，明白了世界，才能生活得更好。如果人"困而不学"(《论语·季氏》)，就只能成为昏昏者。

《尚书》赞美的尧、商汤、周文王皆"自明"为政，令人羡慕与向往。这三位圣贤都是自觉地以"明明德"治理天下。他们都明晰道德的意义，身先士卒"为政以德"(《论语·为政》)，自身是"明明德"的楷模。由于有这样"自明"而"明德"的典范，在礼崩乐坏的春秋战国时期，孔子、孟子等儒家代表倡导君主要以德治天下。"皆自明也"的"自"告诉我们，做一个有道德的人，用道德去治理天下，大学教育是一个方面，真正践行道德还是靠自身。你有没有诚心去做，主动地去做，有没有安静的心态去做，内心有没有定力去做，就看自我修身的功夫。这又呼应了第一章的"自天子以至于庶人，壹是皆以修身为本"。这也和现代教育理念相通。现代教育理论认为，教育的最高境界是自我教育，自主成长。这一章阐明大学之道的"明明德"是希望为政者"自明"，靠自我修身立德而弘扬天下。

为政者、民众皆需要以自我修身为本，如此社会环境更明亮，可以建立诚心诚意、居仁由义的和谐社会。为了"自明"而修身，儒家的核心思想是"仁、义、礼、智、信、忠、恕、孝、悌"；道家则是道法自然，反对斗争，崇尚自然、自由的思想理念，希望形成人与自然和谐共生的美好家园；佛家则强调以慈悲为怀、众生平等的观念为宗旨。儒家、道家、佛家思想融为一体，成为中华传统美德的瑰宝，弃恶扬善而安居乐业，在中国古代社会产生了极为重要的影响。现代社会既要继承、弘扬大学之道"明明德"的精神价值，也要为之赋予新的时代精神。这就是下一章中"苟日新，日日新，又日新"的主旨所在，其根本都是为了人能够生活得好，人类社会发展得好。随着时代的进步，既要传承中华优秀传统文化，又要不断创新，使人类社会走向理想的境界——"止于至善"，可持续发展。这就需要当下的人尤其是管理者能够明辨是非、弃恶扬善、公平公正，让整个社会变得文明和谐。

注重自我修身，坚守行侠仗义、扶助弱小、疾恶如仇的优良传统，这些渗透到民族血液里的精神，是中国文人、庶人"自明"而"明德"的一种精神信仰。江苏兴化郑燮（郑板桥）是诗、书、画三绝的大家，他在苏州桃花巷画画、卖画的故事体现了他自我"明德"的精神。

郑板桥从小家境贫苦，但他刻苦好学，在诗、书、画方面都很有成就。在去山东做官之前，他从江苏兴化到苏州桃花巷以卖画为生。在桃花巷还有一位当地有名的画家，名叫吕子敬。吕子敬以擅长画梅花而闻名，得意地称自己画的梅花是"远看花影动，近闻有花香"。郑板桥自从到苏州卖画，常画些兰、竹，偶尔也画些花羽鳞介和山水，就是不画梅花。

有一个刚从京城回到苏州养老的吏部尚书，精通翰墨，酷爱字画，看到郑板桥的画和书法都是极品，便出了一个"梅花幽谷独自香"的画题，出五十两银子的高价，亲自来到郑板桥的寓所请他作画。郑板桥婉拒，说道："画梅，还是吕子敬画得好。"老尚书听了以后，就拿着银子去找吕子敬画梅花了。这件事传出去之后，吕子敬得到了当时许多文人的肯定，人气更旺，更自信自己画梅花的技术。

过了三年，郑板桥应朋友之邀要迁移到扬州。吕子敬亲自登门拜访，为郑板桥送行。画友分别，以丹青相送。郑板桥说自己很少画梅花，这次就献一下丑，于是他当场画了一幅梅花画赠给吕子敬。吕子敬一看，这幅气韵不凡的梅花图明显超越他画的，惊得他张开的嘴好半天合不拢。此刻，平时还有点傲气的吕子敬彻底服气了，对郑板桥充满了感激之情。他激动地说："感谢郑兄多年来对我的关心！您之所以不画梅花，原来是给小弟留口饭吃呀。"

郑板桥自小丧母，家道中落，少年时虽然不得志，遭遇极为坎坷，但他对穷苦民众始终饱含深情，注重自我修身。在山东潍县做知县，他布衣草鞋，深入民间，面对百姓的疾苦，敢于为百姓做主，为当地人做了很多善事。郑板桥关爱百姓的德行，体现为他说的一句话——"一枝一叶总关情"(《潍县署中画竹呈年伯包大中丞括》)。

除了郑板桥，中国古代许多文人志士具有"止于至善"为人处世的自我追求，留下了许多值得后人借鉴的历史故事。社会发展到今天，随着经济的发展、物质的繁荣，大学之道可以让我们更清醒地认识到，一个社会、一个民族，仅有丰富的物质条件是不够的，还需要法治，需要众人自我修身而"明明德"。人有了基本的物质生活后，若能坚持以"自明"为人生要求，那么社会将会向更文明、更和谐的方向发展。

第三章 "日日新"方可"亲民"

汤之《盘铭》曰："苟日新，日日新，又日新。"《康诰》曰："作新民。"《诗》曰："周虽旧邦，其命惟新。"是故，君子无所不用其极。

文意解读

这一章前三句引用的语句以"新"为关键词，呼应第一章大学之道"三纲"之"在亲民"，以商朝开国君主商汤的话和《尚书》《诗经》里的话阐明大学之道的"在亲民"。

"盘"，这里指商汤的沐浴器具。"盘铭"，指刻在沐浴器具上用来警诫自己的文字。商汤将"苟日新，日日新，又日新"刻在沐浴器具上，提醒自己：假如今天把身上的污垢洗干净，以后天天把身上的污垢洗干净，这样一天天地坚持下去，才能天天干净，身上焕然一新。从注重物质生活的更新，引申为社会的更新，人的精神上的洗礼、品德方面的改进与观念上的更新也是如此。人类社会唯有不断更新，才能保持生存的朝气与活力。这是对大学之道"在亲民"的具体阐释，指明了秉承、践行大学之道的一种重要途径和策略。

"作新民"意为激励人振作自新。从《尚书·周书·康诰》中周公旦说话背景的角度来看，"作新民"可以理解为让商朝的人成为符合新朝代周朝的人。《尚书·周书·康诰》中的完整句子是："汝惟小子，乃服惟弘。王应保殷民，亦惟助王宅天命，作新民。"周公旦告诉康叔，你的职责重大。

周王应该安抚商朝的遗民，你要帮助周王承受天命，让商朝的遗民成为周朝的新民。联系大学之道"三纲"之"在亲民"，可以将"作新民"引申为激励人们弃旧图新。

从"作新民"，我们感受到刚建立的周朝除旧布新的意识很强。接下来的"周虽旧邦，其命惟新"（《诗经·大雅·文王》），是对周朝除旧布新意识的评价——周虽然是一个古老的诸侯国，它秉承的天命不断更新（因为它已经管理各诸侯国了）。这一章最后一句话，从君主的行为总结出，品德高尚的君子没有不竭尽全力以求更新自我、追求完善。这样就呼应大学之道"三纲"之"在亲民"，不断更新才可能"止于至善"。

思考悟道：自我更新、改过而茁壮成长

关于这一章的重点，一般的理解是焕发君主和民众的道德精神，落脚点是道德。从"明明德"的角度可以这样理解，但思路可以拓宽，"苟日新，日日新，又日新"不一定只限于道德视角。

道德是精神，是理论，为了将事情做好需要将之落实，需要将之实行。道德如果不能实行，就是符号化的、空虚的。"德"的偏旁是"彳"（读作 chì，行路），"德"本义是看得正，行得直，后来加了"心"，强调心正。心正而看得正、行得直，按照规范行事，才是真正的道德品行。有了道德修身的基础，需要更新自己的实践，道德规范、追求的理想才能落到实处。孔子的教育思想重视品德的成长。"子曰：'志于道，据于德，依于仁，游于艺。'"（《论语·述而》）除了道德，孔子还注重处世的行为。"子贡问君子。子曰：'先行其言而后从之。'"（《论语·为政》）孔子说："故君子名之必可言也，言之必可行也。"（《论语·子路》）到了明朝，著名理学家王守仁（王阳明）把孔子注重行为的意识概括为知行合一。道德不是空虚的，知行合一，道德才可以落到实处。

从这一章的关键词"新"可以捕捉到古人积极向上、追求革新的精神风貌和脚踏实地的行事风格。"苟日新，日日新，又日新"中除了道德的更新，还有对社会生活更新的追求、对个体生命状态更新的追求，且落实到具体实践中。"作新民"无疑是使"旧民"的生活、实际行为、礼仪等得到

改造、更新。"周虽旧邦，其命惟新。"这里的"旧"恐怕不能理解为与"新"相对的过时的、陈旧的。这里的"旧"可以理解为久、历时长的或原先的、从前的。即过去周虽然长时间只是一个诸侯国，但它新的天命是求新；或周原先虽然是一个诸侯国，但它那时已经追求新的使命，想为整个天下服务。也就是说，周在诸侯国"旧时"就有了对新的天命的追求。后来，周管理天下所有的诸侯国了，天命自然更新了。这与周的崛起、发展壮大最后统治天下的史实相符。我们从中可以体会到上古时期部落、诸侯国蓬勃向上、积极进取的更新精神。大学之道，既要继承先王的道德，又要创新，不断进步，要实现"明明德"，必须"苟日新，日日新，又日新"，要有不断更新的精神和实际行动才能"止于至善"。《大学》的"明德"、更新是为政的理念和价值追求，从个人的角度来看，具有不断更新的意识，可以尽量完善自我。

不断更新自我，每天进行精神的洗礼从而使自己走向完美的境界，大学之道的"新"可以给我们的个人成长以启示。不断更新、完善自己是一个人立足现代社会的现实需要，也是人生不断走向成功的重要条件。当今是一个高速发展的时代，一个人如果不懂得更新而逐步完善自我，就会被社会淘汰，将难有立足之地。正所谓人无完人，每个人或多或少都有不完美或欠缺的地方，这时候，我们就要学会及时更新和修正。当然，更新并不是去除普遍性的思想、价值，而是更新自己的行为；不是为了变而变，而是变中有不变，不变中有变，以坚守一以贯之的正道。

美国的富兰克林，小时候有许多不良习惯。为了改掉不良习惯，他为自己制定了十三条戒律。他在一段时间内集中精力遵循一条戒律，当完全获得一种品德，形成了习惯，就开始遵循下一条戒律，不断更新自己。他还把自己践行这些品德过程中的不足和过失记录下来，每周对自己品德的实行情况进行严格检查。若干年后，他几乎全部做到了这十三条戒律，并在此后的生活中持续受益。后来，富兰克林成为美国著名的科学家、政治家。他能取得如此大的成就，与他严格要求自己、不断更新自己有着紧密的联系。富兰克林自我更新的故事，就是个人遵循大学之道"明明德""亲民""止于至善"成长的例证。

更新不是简单地直接向前、创新，需要自觉地改过而不断努力才能更新。人成长的过程无非是不断改过、创新的过程。自古以来，圣贤认为能勇于改过是为人处世的第一大义。孔子说："过则勿惮改。"（《论语·子罕》）"子曰：'已矣乎！吾未见能见其过而内自讼者也。'"（《论语·公冶长》）人非圣贤，孰能无过，过而能改，善莫大焉。知己不足，勤于改过，是人生的必修课。人只有通过改正错误，才能不断更新自己、完善自己。犯错并不可怕，可怕的是害怕犯错或者隐瞒错误。就像孔子弟子子夏所说："小人之过也必文（'文'，旧读第四声，意思是修饰）。"（《论语·子张》）人生最有价值的错误莫过于：前车之鉴，后事之师。改正错误不是最终目的。接受错误，分析错误，改正错误，最终目的是从错误中吸取教训、总结经验，使自己不断改进、更新，实现自己的志向。

人无完人，没有谁不犯错误。俗话说："吃一堑，长一智。"人要勇于面对错误而不要害怕错误。什么事都不做就不会犯错误，但想要成功一定会有改正错误的过程。在科学实验过程中，出现错误、失败的次数很多，有的上千次，最后的成功离不开前面失败的经历。勇敢地面对错误并且改正错误，以后就会少犯错误，走向成功。在日常生活、工作中，对待错误，切莫文过饰非、讳疾忌医，明确错误，及时改过，不断更新，就可以茁壮成长。

第四章 君子"知其所止"则可"止于至善"而千古不朽

《诗》云："邦畿千里，惟民所止。"《诗》云："缗蛮黄鸟，止于丘隅。"子曰："于止，知其所止，可以人而不如鸟乎！"

《诗》云："穆穆文王，於缉熙敬止。"为人君，止于仁；为人臣，止于敬；为人子，止于孝；为人父，止于慈；与国人交，止于信。

《诗》云："瞻彼淇澳，菉竹猗猗。有斐君子，如切如磋，如琢如磨。瑟兮僴兮，赫兮喧兮。有斐君子，终不可諠兮！"如切如磋者，道学也；如琢如磨者，自修也；瑟兮僴兮者，恂栗也；赫兮喧兮者，威仪也。有斐君子，终不可諠兮者，道盛德至善，民之不能忘也。

《诗》云："於戏！前王不忘。"君子贤其贤而亲其亲，小人乐其乐而利其利，此以没世不忘也。

文意解读

这一章引用《诗经》的话，以"止"为关键词（十个"止"）照应第一章大学之道"三纲"之"止于至善"，具体阐明大学之道"止于至善"的规律、实现方式和君子"止于至善"的行为表现。"止"，本义是脚，引申为至、临、停留、居住等含义。"止于至善"的"止"，一般解释为达到。联系这一章，"止"也可以理解为居住。"止于至善"，即居住在完美的精神境界里。

《诗经·商颂·玄鸟》中说："京城四周的广大地区，都是百姓所向往的居住的地方。"《诗经·小雅·绵蛮》中说："一种'绵蛮'地叫着的黄鸟，栖息在山丘的一角。"孔子读了这两句诗后，说："对于居住，黄鸟都知道挑选适合自己居住的地方，人怎么可以不如鸟呢！"孔子将人和鸟做比较，不仅是指具体居住的地点，而且是一种比喻。用黄鸟知道居住在哪儿，比喻人应该知道自己在社会中的身份、自己应该做的事情，作为有思想感情的人要找到自己居住的精神家园，等等。

"《诗》云：'穆穆文王，於缉熙敬止。'"这里的"於"，为叹词，读作wū；这里的"止"，一般解释为语气词，无实义。朱熹把"敬止"合起来，解释为："言其无不敬而安所止也。"（《四书章句集注》）这样的解释似乎牵强。从句子的意思来看，"缉""熙""敬"三个词都是形容周文王的，"敬"和"缉""熙"可以是并列关系。联系上下文来解读，这句话的意思是，《诗经·大雅·文王》中说："态度庄重、品德高尚的周文王，将和睦待人、光明正大、严肃慎重作为自己品德应居住的地方。"这样解释，就是对孔子说的"知其所止"的阐释——周文王品德正大光明，知道自己应该居住的精神家园，达到了"止于至善"的境界。这一章第二节最后一句中的"止于仁""止于敬""止于孝""止于慈""止于信"的"止"联系前文的"止"，可用居住来解释，也可用达到来解释。这句话说明不同的人，品德、精神都需要达到的境界：作为君主，应该知道安居于仁爱；作为臣子，应该知道安居于尊敬；作为子女，应该知道安居于孝敬；作为父母，应该知道安居于慈爱；与国人交往，应该知道安居于诚信。

第三节《诗经·卫风·淇奥》中说："看那淇水转弯处，绿色的竹子繁茂，葱葱郁郁。有一位文质彬彬的君子，像加工骨、角、象牙那样，切断了还要锉平，像加工玉石那样，雕刻了还要磨光。他严谨而刚毅，显赫卓越。这样文质彬彬的君子，自始至终不可忘怀！"这里的"如切如磋"，指君子做学问的态度；这里的"如琢如磨"，指君子自我修身的精神；说他"严谨而刚毅"，是指他内心谨慎而有所戒惧；说他"显赫卓越"，是指他威严的样子；说"这样文质彬彬的君子，自始至终不可忘怀"，是指他思考得深，品德非常美好，达到了完美的境界，民众不能忘怀。这一节从一位文质彬彬的君子的行为表现，具体说明大学之道"三纲"之"止于至善"的策略和效果。

最后一节，《诗经·周颂·烈文》中说："啊！前代的君主（像周文王、周武王等）令人难以忘怀。"后世君子尊重前代的贤人而为自己的楷模，亲近他们应该亲近的人；后世百姓能受惠于前代君主的恩泽，享受安乐，获得好处。因此前代的君主虽然去世了，但人们永远不会忘记他们。

圣贤因为"知其所止"，修养自身，品德高尚，使天下"止于至善"，所以能常存于世间，万古长青，永垂不朽，永远留在民众的心里。

思考悟道：精神"知其所止"，为心灵安家

孔子说"知其所止"，就是只知道物质生活所居住的地方吗？人的生活离不开衣、食、住、行。人的存在，必须有身体居住的地方，但人的存在也离不开心灵居住的地方，需要精神家园。有了物质生活基础，还需要精神安定。孔子的这句话与第一章中"知止而后有定"相呼应。从具体行为来说，"止"还有做到位而不越位的含义，与"三纲"之"止于至善"相通。"知其所止"可以理解为，人应该知道自身行业或岗位所处的位置，做好自己应该做的事，也就是孔子说的"不在其位，不谋其政"（《论语·泰伯》），对自己的言行有所规范和约束而达到完善的境界。"为人君，止于仁；为人臣，止于敬；为人子，止于孝；为人父，止于慈；与国人交，止于信。"这些不同身份的人的道德，一方面，规范了人的行为，有利于人与人之间和谐相处，进而促进社会和谐；另一方面，又束缚了人的行为，应该止于此而不能越于此，"止"之外的其他行为则视为不合时宜甚至应该禁止。现代法治社会中，规范的"止"是必要的，和人的自由、充分发展不一定是矛盾和对立的。社会管理要处理好个体与群体、分工与合作、规范与选择、继承与创新的关系。"止"，既需要安定，又需要不断发展。

人、鸟的物质生活都需要"知其所止"，才能存在。但作为既有物质生活又有思想感情的人，还要有精神家园，才能生活得好。孔子倡导人们"知其所止"，就是心态上明白自己应该"止"的地方或方向，找准自己的发展目标或社会位置。这一点说起来容易，脚踏实地做起来却有些困难。世间芸芸众生，熙熙攘攘，多少人随波逐流，终其一生而不知所"止"。尤其在当今社会高速发展的时代，生活中处处充满了诱惑，人的选择比较多，这给人带来机遇，也给人的心灵带来困惑。自己应该何去何从，所"止"何处？精神的流浪，让许多人找不到人生的方向，只能浑浑噩噩、碌碌无为地度日。因此，大学之道的"知其所止"而"止于至善"，对现代人确定自己的方向，更好地生活具有启示意义。

每个人无论是身体还是精神，都要明白自己的归宿在哪里。在现代社会中，越来越多的人，尤其是在大城市漂泊的年轻人，常会感到迷茫，不知自己的归宿在哪里。比如一些年轻人想上高中、大学，不想上职业学校，然后从事运输、餐饮、理发等服务行业。他们会叹息，城市中灯火辉煌，却没有一盏灯照亮自己；他们会感慨，虽然生活在此处，但它始终不是自己所能融入的地方；他们偶尔会困惑，历经奋斗有了票子、房子和车子，精神的所"止"却不知道在哪里。自己可以确定自己能做什么，应该做什么，生活可以安定，但心灵若找不到栖息的地方，到哪里都是在流浪。一个人若在精神上不"知其所止"，那么无论他身体所"止"的地方有多么好，也只是在流浪。一个人若心灵或精神上有归属感或者能安定自己的心，即使他暂时一无所有，也能坦然面对，心在哪儿，家就在哪儿。具有这样安定的心灵的典范是孔子的弟子颜渊。"子曰：'贤哉，回也！一箪食，一瓢饮，在陋巷，人不堪其忧，回也不改其乐。贤哉，回也！'"（《论语·雍也》）为了精神上"知其所止"，圣严法师提出"四安"主张——"安心""安身""安家""安业"。

一个人只有内心安定、踏实，身体在哪里，哪里就是家。相反，一个人精神上没有了归宿，历经奋斗即使住所富丽堂皇，内心仍旧难以有归属感。你会有"人生的辉煌"还是会有"人生的悲剧"，全在于自己的内心。心安则幸福，心无所依靠则感到迷茫。也就是说，"知其所止"，重要的是为心灵安家，即圣严法师说的"安心"，而后才能"安身""安家""安业"。真正的安心是无愧于天地，无愧于人世，无怨无悔，无愁无恨。孔子心灵安谧，向往的是——"不怨天，不尤人"（《论语·宪问》）、"躬自厚而薄责于人"（《论语·卫灵公》）。心安的人吃饭香，不一定要山珍海味；心安的人能浓睡，不一定好房好床；心安的人气定神闲，即使面对苦难，生命也会绽放出明亮的光芒。

正如古希腊作家伊索所编《伊索寓言》中所说的那样，有些人因为贪婪，想得到更多的东西，而把现在所拥有的失掉了，内心也迷茫了。世界上没有什么比心灵的安宁更能使生命之花灿烂多彩，没有什么比心灵的安宁更能使生活变得幸福和美好。人在生活中，千万不要让贪婪的野草在心田里狂长，这样心灵才会盛开美、善的花朵。

《心安草》的寓言故事启发人们心安而花开。

"有一天，一个国王独自到花园里散步，使他万分诧异的是，花园里所有的花草树木都枯萎了，园中一片荒凉。后来国王了解到，橡树由于没有松树那么高大挺拔，因此轻生厌世死了；松树又因自己不能像葡萄那样结许多果子，也死了；葡萄哀叹自己终日匍匐在架上，不能自立，不能像桃树那样开出美丽的花朵，于是也死了；牵牛花也病倒了，因为它叹息自己没有紫丁香那样芬芳；其余的植物也都垂头丧气，没精打采，只有顶细小的安心草在茂盛地生长。国王问道：'小小的安心草啊，别的植物全都枯萎了，为什么你这小草这么勇敢乐观，毫不沮丧呢？'小草回答说：'国王啊，我一点也不灰心失望，因为我知道，如果国王您想要一棵橡树，或者一棵松树、一丛葡萄、一株桃树、一株牵牛花、一棵紫丁香等，您就会叫园丁把它们种上，而我知道您希望我的就是要我安心做小小的安心草。'"①

心安就要去除贪欲，该放弃的果断放弃，恰当地定位好自己的人生。不要计较所谓的高报酬、好名声、大荣耀等，而要选择那些适合自己发展的职业、方向，这是人生成长的起点。人能否成长好，在某种程度上取决于自己是否能真正地认识自己的性格，给自己正确的自我评价，这就是定位。给自己定位准确了，可以安居于精神家园，心安而花开。大学之道"止于至善"启发我们，身体要"知其所止"，心灵要"知其所止"。

第五章 "知本""近道"，敬服民心

子曰："听讼，吾犹人也。必也使无讼乎！"无情者，不得尽其辞，大畏民志，此谓知本。

文意解读

这一章曾参引用孔子的"听讼，吾犹人也。必也使无讼乎"（《论语·颜渊》），从孔子对无讼可诉的向往，说明"知本"的价值。从文本整体性解读来看，呼应了第一章的"物有本末，事有终始"，再次说明"知本"的价值。

孔子说："审理诉讼案件，我同别人差不多。（面对人们的诉讼，我有一个不同的想法）一定要让人们不再诉讼才好。"（审理诉讼案件时）隐瞒真实情况的人，不能够花言巧语说骗人的谎话，让民心敬服，这就是说懂得了（治民的）根本。

思考悟道：根深叶茂，本立道生

这一章以孔子对待审理诉讼案件的例子阐明"物有本末，事有终始"的道理，强调为政、做事要抓住问题的根本。

孔子五十岁担任鲁国的司寇，相当于现在的大法官。"吾犹人也"中

---

① 何怀宏：《心安草》,《语文世界》（初中版）2004年第C1期，第17页。

的"人"一般解释为其他审理诉讼案件的人。这里的"人"可以理解为一般民众或者打官司的人吗？这个问题可以引起我们思考。打官司的人，不到不得已不会来对簿公堂，耗时费力。这样理解的话，可以感受到孔子对民众的同情之心。他设身处地，换位思考，面对诉讼者，他说我与你们一样都是人啊，解决人与人之间问题的根本是友好相处，以后一定使自己不要诉讼啊。孔子审理案件的根本追求是无讼可诉，大家和睦相处，不相互攻击。无讼可诉的趋势，一是诉讼双方经过审理，都心服口服，不再上诉；二是通过审理案件，是非判断明确，由此降低、减少诉讼量，甚至人与人公正、规范相处，无须申诉。孔子希望无讼可诉，以民为本的意识很强。子路问孔子怎样成为君子。孔子想到的是他人、百姓，说"修己以敬""修己以安人""修己以安百姓"（《论语·宪问》）。

"听讼"与"民志"是相通的。"听讼"即法治时代的司法。只有司法公正，使"无情者，不得尽其辞"，社会公正才能得到保障；社会公正得到保障，才能获得民心，得到民众的信任。这是"为政以德"（《论语·为政》）的具体实践。以道德治国，不能仅仅停留在口头上，必须将"听讼"落实到民众利益的具体事情上；把"听讼"这样具体的事情做得公平、公正，获得了民心，道德也就体现出来了。法治离不开"明明德"，"明明德"也离不开法治。司法公正，社会和谐、天下太平才能得到保障。

"知本"就是知道"教化、治理好天下，管理、服务好民众，使天下安定"是治国的根本。诉讼的审理只是手段，是"末"。那么，"本"是什么呢？使人遵守道德规范无讼可诉才是"本"。社会管理，教化是"本"，治理是"末"。从这一章的语境来理解，"本"是"大畏民志"中的"民志"。"志"，这里指心意。"民志"即民心。中国历史上一贯说"得民心者得天下，失民心者失天下"，"民心"可谓社会滥觞。"大畏民志"，一般解释为使民心畏服。"畏"，害怕、恐惧，还有敬畏的意思。这里可以有两种解释：一种是使民众害怕、恐惧；另一种是（统治者）非常害怕、恐惧民心（因此，时时警惕自己，不要危害百姓，不要违逆民意）。我倾向于后一种解释，治理天下的根本是得民心，而民心不能靠压迫争取，只能靠统治者爱民的道德、行为获得。要达到"明明德""亲民""止于至善"的大学之道，以修身为本，而齐家、治国、平天下是末。君子、管理者以身作则教化、服务好民众，使他们敬畏、佩服。民众提高了自身修养，自然就能实现齐家、治国、平天下。

"物有本末，事有终始"是大学之道的策略，是说要懂得抓住事物的根本，面对实践的目的、理想，以终为始，脚踏实地，才能解决问题并把事情做好。动物园里，一个管理员没有找到处理事务的根本，有再多的举措也不会解决问题。故事如下：

一天，动物园的一个管理员发现松鼠从笼子里跑出来了，经过几番周折，才把它们关进去。对于这个问题，这个管理员召集全体人员商量，大家一致认为笼子的高度不够，松鼠长大了，才会逃出来。管理员就命人提升了笼子的高度。结果在第二天，松鼠还是跑到外面来了，他们决定再次提升笼子的高度。想不到，接下来的一天又看到松鼠跑到外面来了。管理员大为紧张，决定将笼子的高度提升到三米。这一天，猴子和几只松鼠在闲聊。"你们看吧，这些人会不会继续提升你们笼子的高度呢？"猴子问。"很难说。"松鼠说，"如果他们再继续忘记关笼子的门！"

在现实生活中，有些人就是如此，只知道有问题，却不懂得仔细分析问题的根本在哪儿，"眉毛胡子一把抓"，结果是治标不治本或者根本解决不了问题。物理学家爱因斯坦说："将一个问题准确地界定，就等于解决了问题的一半。"无论是解决工作中的问题，还是科学发明创新、经营实业或者做更高的事业，准确地界定问题、分析问题才是有效解决问题的前提和根本。如果抓不住问题的根本或关键，就会盲目地从一个旋涡进入另一个旋涡，对事业的追求也就只能在浅显的层次上蹒跚而行，永远走不上解决问题、人生发展的正道。世界上有两种行为：一种是把简单的事情搞复杂，另一种是把复杂的事情逐步做简单。第一种行为使人越做越忙，越忙越乱，最后连自己忙啥都不知道；第二种行为使人越做越轻松，越做越成功。两者的区别在于能否抓住问题的关键。本立而道生，大学之道的策略"知本"，值得当下社会物质文明、政治文明、精神文明建设借鉴，以"明明德""亲民""止于至善"为人类存在之本，走上社会发展的正道。

第六章　阐明格物、致知

所谓致知在格物者，言欲致吾之知，在即物而穷其理也。盖人心之灵，莫不有知；而天下之物，莫不有理。惟于理有未穷，故其知有不尽也。是以大学始教，必使学者即凡天下之物，莫不因其已知之理而益穷之，以求至乎其极。至于用力之久，而一旦豁然贯通焉，则众物之表、里、精、粗无不到，而吾心之全体大用无不明矣。此谓物格，此谓知之至也。

文意解读

这一章是朱熹补充的，《礼记》中原本没有。从系统化思维来看，朱熹的整体意识很强。第一章大学之道的"三纲"，《礼记》的原文后面都做了阐释；"三纲"的具体策略"八目"，《礼记》没有对其中的格物、致知进行阐释。面对这样的情况，朱熹补充了这一章。《大学》从这一章开始到最后一章，阐释"八目"。格物是"八目"的起点，格物、致知融合在这一章里进行阐释。诚意、正心、修身、齐家既有联系，又可以分开来说，第七章至第十章每一章都进行单独阐释。治国、平天下分不开，在最后一章合在一起进行阐释。

儒学为什么认为"致（取得）知在格（推究、研究）物"？朱熹的见解是怎样的？

朱熹认为，所谓获取知识、见解的途径在于认识、探究万事万物，是指获得知识、见解，就必须接触事物而彻底追求它的原理。从语境、系统化思维来理解，这里的"知"不仅指具体的知识，而且有见解、观念的意思。从"致"到"知"，是对自然世界、生活世界的认识、见解。"八目"起点的格物、致知与诚意紧密联系——"欲诚其意者，先致其知；致知在格物"，第七章内容就是"诚其意"。仅仅有知识就能使自己的意念真诚吗？只有对事实、现象有真正的认识和见解，人面对现实才可能诚意。

对于人的格物、致知，朱熹认为，大概人的心灵不是没有见解的，而天下万事万物无不具有一定的原理。只是对于这些原理不可能彻底认识，所以人不能完全认知到位，知识有局限性。从格物、致知可以看出，儒学的"知识"概念不仅指抽象的、专业的知识，而且指万事万物的原理、规律。虽然万事万物之道不可能被人完全探究，但探究、认知万事万物有了一定的收获，才能明白生存的原理并生活得好。这样的格物、致知更注重人的存在。

由此，朱熹认为，大学一开始教学，必须使学习者接触天下的万事万物，以自己已有的知识加深探究，而寻求获得相对深刻的认识（万事万物的原理不一定能完全认知）。经过长时间认识、探究万事万物，而有一天豁然开朗，那么万事万物里外巨细的具体现象没有不认识到位的，而自己内心的一切认识没有不明智的。

经历格物、致知，自身的思维会不断深化、高远。这一章最后一句话呼应第一章，归纳出"物格而后知至"（前面所述的大学学习过程），这被称为对万事万物的接触和探究，可以认为自己认识万事万物达到了最高境界。

思考悟道：格物、致知，在实践中掌握知识、认识真理

这里的格物，与现代物理、化学等学科只研究自然界不完全一样，与老子说的"人法地，地法天，天法道，道法自然"（《道德经·第二十五章》）相通。其实，人乃天地之物，比如现代汉语"人物"一词。格物即通过探究，既研究万事万物的自然性，又明白万事万物存在的道理，明白人与万事万物的关系，明白人在万事万物中的位置并与万事万物相处。格物既要探究事物的道理、规律，也要探究事物发展之本末、终始。人的生存离不开万事万物，有了对万事万物本末、终始的先后认识，才能真实地存在，心意才能纯正，从而形成自身的品德修养，敬仰万事万物，善待他人，进而齐家、治国、平天下。

这里的"知"，不只是现代狭义的科学知识。现代人缺少的不是知识。知识多了，可能反而不诚了，对人的存在迷惑了。这里的"知"，是对世界完整的认识，是对人自身、对万事万物的主见。杜甫有诗云："细推物理须行乐，何用浮荣绊此身。"（《曲江二首》）"细推物理"即格物、致知。清朝文学家张潮把人生比作三种境界：在窗子里面观月，在庭院中望月，站在高台上玩月。人的眼里有整个世界，就不会拘泥眼前的一方土地；明白万事万物的道理，心中坦然，心正意诚，就会快乐。格物、致知到位，真正认识、感悟到万事万物的价值，才能趋向意诚、心正、身修；境界高远，见识高深，目光所及之处皆是星辰大海，齐家、治国、平天下的实践才能真正实现。

朱熹补充的这段话体现了他的知识观。知识不仅指科学的、专业的知识。当然，儒学的大学之道是从人的存在和社会管理的角度来谈"知识"概念。这种知识观就是通过格物而穷理。儒学的学问之道为"即物而穷其理"。穷理，不是彻底认识万事万物，而是自己尽力探究万事万物之理。儒学的穷理，为了认识"物有本末，事有终始"的先后之理，更多的是穷天理（非自然科学的天文之理），穷伦理，穷治国、平天下之理，而穷自然科学意义上的物理始终未入流。儒学的穷极万事万物之理，侧重对社会道德的追求。更完美的社会理想，是科学与文化、物质与精神、法治与德治融为一体、并驾齐驱。当然，儒学的格物、致知虽然没有创新，但由此生成的为人处世的品德具有人类发展的普遍性价值。

"盖人心之灵，莫不有知"是说人具有先天的认知能力。朱熹的这一观点和近代康德的认识论一致。古代西方认为知识有两个来源：一是知识来自先天（先验论），二是知识来自后天经验（经验论）。康德在《纯粹理性批判》（《实践理性批判》《判断力批评》）中认为，知识是先天的认知形式与后天经验结合的产物。但康德继续追问：知识如何可能？先天的认知形式是什么？怎么与后天经验结合？他提出了时间和空间是先验认知形式，提出了先验分析的四个范畴：量、质、关系和模态，由此构建了自己的哲学体系。中国古代思想多关注现实生存，在生活上的思想智慧多，相对缺少认识论角度的追本穷源，缺少追问反思：我致的"知"可靠吗？这个"知"从哪里来？等等。格物而穷理，儒学的知识观是务实的、唯物的，但相对而言缺少想象和思辨。因此，中国古代有丰富的关于人和社会的思想，也有哲学思维，但缺少纯粹知性的哲学体系。当然，人的存在，应该相互尊重、认同、补充，以达共处，不必强求一律。

科学发明、专业创建离不开格物，也就是实践。从科学实践角度来看，格物、致知与西方的科学、哲学是相通的，问题在于是否真正落到实处。从科学知识角度来看，格物、致知是指对万事万物进行实验、探究，从中获取知识、见解，而不是从书本上获得知识、见解。这种认识具有实践色彩，打破了对儒学死读书的误解。"格物"、"致知"作为儒家思想的重要概念，可以成为儒家认识、探究万事万物之理的学科。格物、致知可以把我们引向万事万物，引向实践，走上"实践是检验真理的唯一标准"和"实践是认识的唯一源泉"的正道。从实际来看，我们获取知识都离不开格物、致知，从书本上学习知识后，必须在现实中加以运用、验证和探讨，才能真正获得知识原理和知识运用的实际效果。

孔子在《论语·为政》中说："先行其言而后从之。"孔子在《论语·宪问》中又说："君子耻其言而过其行。"陆游说："纸上得来终觉浅，绝知此事要躬行。"（《冬夜读书示子聿》）林希元说："自古圣贤之言学也，咸以躬行实践为先，识见言论次之。"（《罗整庵困知记序》）陶行知说："行动是老子。知识是儿子。创造是孙子。"（《三代》）……这些人的思想都启示我们，实践是知识的根源，知识是创造的工具，创造是实践知识的收获，没有实践与知识，创造是不会产生的。真理源于实践，只有经过实践检验的知识才是真理。这也启发我们，在学习过程中，除了读书，还要在工作中实践，只有将学习的知识在现实中灵活运用，才能真正掌握知识，成为自己的本领或能力，否则，只能是书呆子。

无论是国家、社会的大事，还是个人生活的小事，实践出真知都是不变的规律。常言道："尽信书不如无书。"书本展示的思想，总有一些抽象的定律、原理，而具体的生活情境充满了无限的可能性、灵活性，用概念指导实践，把书本知识转化为实际能力需要创造性的机动环节才能有效实现，否则，概念化使用知识将使人手足无措，毫无效果。中国民间有一个故事，讲的是一个秀才要过河，如何才能过河呢？秀才站在河边，翻开书本，看到书上写道："单脚起，双脚落，一跃而过。"秀才按照书上写的去做，未跳过小河却跳进了河沟里。在今天，这个故事仍然很有意义。实践经验很重要，因为它不但是理论知识产生的源泉，而且有些精深的技艺难以从书本上固定的知识中获得。当然，忽视书本知识，排斥间接经验，盲目地将书本知识视为糟粕，也是不可取的。真正把事做好，需要将理论与实践融为一体，大脑和双手要合作——陶行知解释王阳明的知行合一思想，写了一首儿歌——"人生两个宝，双手与大脑。用脑不用手，快要被打倒。用手不用脑，饭也吃不饱。手脑都会用，才是开天辟地的大好佬"（《手脑相长歌》）。

陶行知还认为："行是知之始，知是行之成。"（《行是知之始》）实践是获取知识的必然途径。行动才能产生思想，思想是行动的成效。人类发展具有先前的知识，但只有实践能将知识转化为能力。孔子说："生而知之者上也。"（《论语·季氏》）这样的人极少。绝大多数人非生而知之者，需要学而知之，但离不开实践，离开了实践，学习就成为无源之水、无本之木。客观事实证明，实践出真知，实践长才干，只有从实践中来，又经过实践检验的理性认识，才是真正的科学知识。当然，实践也离不开正确理论的指导，否则人就会彷徨、犹豫而无所适从。如果懂得了知识，掌握了理论，不付诸实践，仅仅纸上谈兵，知识、理论就只是装点门面的。这一章结尾的物格而知至，就是提醒人们接触万事万物，面对万事万物实践、研究，才能真正获得知识。《中庸》里也有理论与实践结合的学习思想——"博学之，审问之，慎思之，明辨之，笃行之"。

当下社会进入人工智能时代，随着现代通信手段和大众传媒的发展，手机成为重要的工具，大家常常处在文字、视频等信息的海洋中。经济的发展、物质条件的丰富为人们提供了更多的机遇，也带来了无穷无尽的诱惑。人的欲望在扩张，思想在扩展，行动的能力却愈发弱化。当下，人们可能陷入迷茫的困境：重学而轻行，学非所用。面对现实，我们可以从大学之道的格物、致知和中庸之道的学、问、思、辨、行中获得启迪，树立"学以致用，用以促学"的学习观、实践观，遵循孔子的"学而时习之"（《论语·学而》），学、思、行相结合，在实践中让自己的智慧焕发光彩，在实践中真正掌握知识、认识真理。拿破仑曾经说："想得好是聪明，计划得好更聪明，做得好是最聪明又最好。"

第七章　阐明诚意

所谓诚其意者，毋自欺也。如恶恶臭，如好好色，此之谓自谦，故君子必慎其独也！小人闲居为不善，无所不至，见君子而后厌然，掩其不善，而著其善。人之视己，如见其肺肝然，则何益矣？此谓诚于中，形于外，故君子必慎其独也。曾子曰："十目所视，十手所指，其严乎！"富润屋，德润身，心广体胖，故君子必诚其意。

文意解读

第六章格物而致知是大学之道"八目"的起点。这一章接着格物、致知对"八目"的第三点"诚意"进行阐释。有了对万事万物的见解和观念，人才能心意真诚。这一章具体阐释诚意的表现是怎样的，怎样做到诚意。

真诚自己的意念，意思是不要自我欺骗。像厌恶腐臭的气味，像喜欢美丽的容貌（因为发自内心的真诚），这样叫作自己心意满足。所以，品德好的人一定谨慎自己的独处（也就是独处时保持真诚）。接着，从反面对比说品德不好的人不"诚其意"——小人私下无恶不作，见到君子便躲闪、掩饰，掩盖自己所做的坏事，而显现自己好的方面。这样不真诚，掩饰自己做过的恶事，可以吗？别人看你，就像看见你的心肝肺腑一样，那么你掩饰自己有什么好处呢？这就是说真诚在内心，在外面也有表现。所以，品德好的人一定谨慎自己的独处。也就是说，别人看你的外形、表现，能感受到你的内心，虚假、作恶是掩饰不了的，人的意念需要真诚。

最后引用曾参说过的一句话："十只眼睛看着，十只手指着，这样很严格啊！"从物质来看，富裕可以修饰房屋；从精神来看，品德可以修养自身，使人心胸宽广、身体舒适安宁。所以，品德好的人一定要真诚自己的意念。也就是说，监督你的人很多，深入且细致，你的虚伪逃避不了，即与人相处必须意念真诚。

从系统化思维来看，这一章具体阐释诚意，是大学之道"明明德"的基础——独处、与人相处，真心诚意而不弄虚作假。这一章的关键词是"诚意""慎独""毋自欺""诚于中，形于外"。即知行合一，言行一致。从普遍性教育价值的角度来看，这一章给我们的启发是，大学之道虽然侧重为政，但一些思想和价值追求对每个人的自我成长也有很深的影响。

思考悟道：真心待人，表里如一，慎独自诚

"诚其意"的"意"乃己之意。诚意首先不能自欺。古人讲究"诚"大概与远古时期人们为了生存而信奉鬼神有关。在古人的意识中，鬼是人死后的灵魂，神是万物的创造者。"小信未孚，神弗福也。"（《左传·庄公十年》）那时，人们认为人的祸福与神密切相关，人对神的心要诚，否则神不会降福于人甚至还要惩罚人。从周朝开始，人自身的能力和作用越来越强，渐渐不绝对信奉鬼神了。孔子认为："敬鬼神而远之，可谓知矣。"（《论语·雍也》）这时，"诚"就变成了人类社会里人与人之间相处的意识，独处、与人相处，必须真心诚意，不可弄虚作假。有人说，每个人的内心深处有一把锁，只有打开了这把锁才能进入人的内心，与其成为心灵相通的朋友。打开人心之锁的钥匙是自己的真诚。真诚可以感动人，获得他人的信任，赢得人间的真情。古人交往注重的是真诚。从《论语》里我们可以读到真诚的孔子。孔子对待弟子因材施教，但是师生之间真心诚意。孔子提醒弟子："巧言令色，鲜矣仁！"（《论语·学而》）如果花言巧语、故作伪善，这种不真诚的表现，是很难对人友善的。对人有诚信，不虚伪，与朋友交往一定要真心实意，不欺骗，没有伤人之心。

现代法治社会，还需要人心灵的诚意吗？大学之道的诚意与社会规范、道德相关吗？现代社会的真诚符合道德规范，内外合一，不自欺，亦不欺人。如果不符合道德规范，只是自己的真心实意，适合相处吗？因此，诚意合不合礼、合不合情、合不合法，才能确定是不是真正的诚意。真诚拥有巨大的价值，以真诚的心对待万事万物，对待社会，对待他人，生活中可能会出现意想不到的机会和奇迹。真诚是维系人与人之间信任的纽带。误解、疑惑可以在真诚的交流中解除。要使自己生存得好，需要用真诚的态度，诚恳地对待身边的每个人。

有"意诚"的念头和品德，做一个表里如一的人。在实际生活中，有些人真诚，让人愿意与其交往；有些人虚伪，让人敬而远之。真诚的人受到别人尊重，虚伪的人受到别人轻视。人与人相处希望交往真诚的朋友，如何做到真诚呢？比如买一件物品，只看外面的包装，对物品就有期待。包装撕下来了，里面的物品和自己的期待一致，就会认为自己买的物品是真的；如果里面的物品和包装上宣传的完全不同，就会认为自己买的物品是假的。与人交往也一样，初次接触会产生初步的印象，随着交往的增多，才能了解双方是否真诚。如果一个人的内心真的像他最初表现出来的样子，就会让人感觉他真实；如果一个人说一套、做一套，表里不一，人们就会认为他虚伪，就会逐渐疏远他。

要想成为真诚的人，需要表里一致。内心想法和行为一致，语言表达和实际操作一致。表里如一是为人处世的准则，是修身养性的基本要求。人都希望得到他人的认可，都想获得成果而受到赞扬。这些人生追求需要真心努力才能获得。如果自身不孜孜不倦，却想通过虚假的宣传欺骗别人而获得名声，这就叫作行不正、言不诚。这一章说"诚于中，形于外"，内心的真诚以外在的言行显现出来。即使能力有限，只要正视自己的缺陷，踏实地努力，总会有所提升。这样做，没有人瞧不起你，而且别人会赞美你的真心实意。所以，无论人的天资、本领如何，都需要实事求是地为人处世，自信不疑地面对现实，有能力不吹捧、不傲慢，有问题不掩饰，锲而不舍地做真实的自己。个人真诚的修养离不开慎独——"故君子必慎其独也"。人是否真诚，根本在于其是否能慎独，就是在独处的情况下能否时刻警示自己。与人相处，人前人后都是同样的表现，在别人面前真诚，自己独居时亦真诚，行为表现都发自肺腑，好像"人有悲欢离合，月有阴晴圆缺"（苏轼《水调歌头·明月几时有》）那样真实自然。在物质生活丰富的时代，虽然金玉满堂，但不一定身心惬意，一些人心中有种种诱惑和忧虑。所以，无论是管理人员、普通职工，还是企业创办人，都要以慎独作为自己的抓手。一个人如果真正慎独，那么其生存发展便心满意足。虚伪的人暂时能将事情做好，但不能永远做好。慎独而不欺骗人，孔子提醒人们"人之生也直，罔之生也幸而免"（《论语·雍也》）。

慎独，不是指个人独处不与人交往，而是指个人独处时要注意自己的言行，既有益于自己成长，又有利于与他人相处，以使自己的行为合于规范、礼仪，内心之意要与外显的行为相一致，达到"毋自欺"。独处时没有形成光明美善的修养和行为，到了公众场合，怎么可能表现出文质彬彬的君子形象呢？"故君子必慎其独也。"如果人人都慎独而修养好自己的品德，那么天下不仅太平，还美善。慎独而"诚于中，形于外"，就是道德"止于至善"的境界。自诚其意，表里如一，使人心态平和、坦然，因而，"德润身，心广体胖"。"诚其意""慎其独"不仅是修身、齐家、治国、平天下之道，而且是养身、养心之道。有了钱，只能使你的房子富丽堂皇，所谓"富润屋"；有了品德修养，才能使你生活得更好，所谓"德润身"。独处时需要"慎其独"，孔子在《论语·学而》中说"贫而乐"，就是贫穷时，也不能失去诚意、怨天尤人、投机钻营，而要乐观地去学习、去努力、去奋斗；孔子又说"富而好礼"，自己富贵了，要谨慎，不要盛气凌人、奢侈无度，而要意诚，修养身心，做守礼好义的君子。

慎独，在现代，指的是在没有人监督的情况下，自觉坚守道义和规则，对自己严格要求，精神自律。自古至今，能够做到慎独的人，其道德修养已经达到了一种极高的境界。修身养性是一个自觉领悟的过程，不是做表面功夫装样子，也无须别人提醒、鼓励。大学之道与中庸之道有很多相通之处，《中庸》第一章中亦有和这一章同样的一句话——"故君子慎其独也"。君子无非是指品德好的人。君子慎独对现代人的生存仍然具有鲜明的指导性价值，启示人们独处时要谨慎，思想上不要有邪念，精神上不要松懈。现代社会中既有诱惑又有烦恼，这些诱惑可能在自己独处时对心灵有魔力。面对诱惑、烦恼，自己是否很希望独处？为了某种私心杂念，自己是否很希望独处？古代的君子慎独，从另一个侧面启示我们，自己独处时严禁肆意妄为地发泄欲望，要做到"欲而不贪"（《论语·尧曰》），增强社会群体意识，合作共赢，携爱前行。君子慎独，作为箴言可以默念。慎独而自诚，使自己保持洁身自好的品质和乐以忘忧的精神，成为德才兼备、助人为乐的真诚而快乐的人。

第八章 阐明"修身在正其心"

所谓修身在正其心者，身有所忿懥，则不得其正；有所恐惧，则不得其正；有所好乐，则不得其正；有所忧患，则不得其正。心不在焉，视而不见，听而不闻，食而不知其味。此谓修身在正其心。

文意解读

真正走上"明明德""亲民""止于至善"的大学之道，从格物、致知起步，而后就有了第七章的"诚其意"。由始至终，诚意再正心，意诚、心正做到了，修身就到位了，齐家、治国的正道必然畅通，一帆风顺，自然可以平天下而国泰民安，实现社会至善的终极理想。"诚其意"后怎样"正其心"呢？这一章从反面进行阐释。

修养自身先要端正自己的内心。从反面说，内心为什么不端正呢？自身有愤怒的态度，内心就不端正了；自身有恐惧的态度，内心就不端正了；自身有过分喜欢的态度，内心就不端正了；自身有忧虑的态度，内心就不端正了。也就是说，喜怒哀乐的情绪过度了，内心就无法端正和谐了，也就是《中庸》的观点——"喜怒哀乐之未发，谓之中；发而皆中节，谓之和"。因为自己的态度不端正，内心就不端正。反过来说，只有内心端正了，才能修养好自己的言行，也就是修身在"正其心"。只有保持端正的精神状态，不受外物干扰，不因一时的情绪冲动而丧失理性，心无旁骛，才能使修身日益渐进。

为什么修身先要正心呢？这一章最后解释：被愤怒、恐惧、喜好、忧虑所困，内心不端正就像心不在自己身上一样，因此，虽然在观看，却好像没有看见一样；虽然在聆听，却好像没有听见一样；虽然在吃食物，却感受不到食物的滋味。这就是修养自身品德一定要先端正自己的内心。即如果内心不端正，注意力不集中，三心二意，被情绪所左右，被外物所困扰，看、听、吃等做不好，更谈不上修身。

思考悟道：正心面对生活现实而生活得好

这一章承接第七章的诚意论述正心。在"诚其意"后还必须"正其心"，端正自己的内心，让自己处于理智状态；控制好自己的情感或情绪，使身心处于安详状态，从而聚精会神地修身养性，逐步完善自身。西方有哲学家认为思想和情感是统一的，所以，情绪和理智相通，可以让人在坚持自己原则的同时，端正自己的内心，维持好自己的正常情绪，使身心处于和谐状态。喜怒哀乐是人不可或缺的心理情绪，如果不能自省，任其随意左右自己的行为，就会使内心失去端正。因此，"正其心"不是让人完全屏除喜怒哀乐的情绪，而是在理性认识的基础上客观驾驭好情绪，使内心能够在安定、宁静的环境中达到从容不迫的境界，真正修养好自身。

正心即内心纯正。心与身相对，包括一个人完整的心理。有认知方面的：内心细腻，智慧通达；有情感、态度、动机方面的：心地善良，以天下为己任。"修身在正其心"，即内心不端正，为人处世就会发生偏差，就不能坚守为人的准则、做事的原则。一个品德修养好的人，往往是内心坚定的人，不受外界影响而改变自己的主张；是内心无私的人，办事公正；是心胸宽广的人，为人坦荡。"知者不惑，仁者不忧，勇者不惧"（《论语·子罕》）的修养，大概就来自正心。内心坚定、内心无私、心胸宽广，这些都是正心。心正了，就会处理好"忿懥""恐惧""好乐""忧患"，不至于影响自己对人和事的观察与判断，不至于影响自己的为人准则、正道行为。

《战国策》里"邹忌讽齐王纳谏"的故事，体现了邹忌的正心。

"邹忌修八尺有余，而形貌昳丽。朝服衣冠窥镜，谓其妻曰：'我孰与城北徐公美？'其妻曰：'君美甚，徐公何能及君也！'城北徐公，齐国之美丽者也。忌不自信，而复问其妾曰：'我孰与徐公美？'妾曰：'徐公何能及君也！'旦日，客从外来，与坐谈，问之客曰：'吾与徐公孰美？'客曰：'徐公不若君之美也！'

明日，徐公来。孰视之，自以为不如；窥镜而自视，又弗如远甚。暮寝而思之，曰：'吾妻之美我者，私我也；妾之美我者，畏我也；客之美我

者，欲有求于我也。'

于是入朝见威王，曰：'臣诚知不如徐公美。臣之妻私臣，臣之妾畏臣，臣之客欲有求于臣，皆以美于徐公。今齐地方千里，百二十城。宫妇左右，莫不私王；朝廷之臣，莫不畏王；四境之内，莫不有求于王。由是观之，王之蔽甚矣！'

王曰：'善。'乃下令：'群臣吏民，能面刺寡人之过者，受上赏；上书谏寡人者，受中赏；能谤议于市朝，闻寡人之耳者，受下赏。'令初下，群臣进谏，门庭若市。数月之后，时时而间进。期年之后，虽欲言，无可进者。燕、赵、韩、魏闻之，皆朝于齐。此所谓战胜于朝廷。"

邹忌，齐威王的相国。邹忌之妻、妾、客，或好乐之，或恐惧之，或忧患之，对待邹忌巧言令色，心不正。邹忌自身心正，故不受他人影响，正确认识自己，确认自己远远不如徐公美丽；齐威王心正，纳谏天下，成就大业。在现实生活中，像齐威王、邹忌这样主动承认自己的缺点，积极请他人批评自己，有心正、意诚行为的人寥寥无几。在工作、生活中，很少有人在面对他人讨好或批评时而不为所动、心平气和，多数人会让自己陷入心灵的苦海而不能自拔。贪污，是心不正的后果；虐待他人，是心不正的体现；急功近利，也是心不正的表现。为此，我们一定要谨慎，在意诚中自省，修养顺其自然的正心，这样才可能让自己不流于世俗，不因外物而改变自己的心志，不成为情绪的奴隶，无论遇到什么事，都真心实意地对待。

"身有所忿懥，则不得其正；有所恐惧，则不得其正；有所好乐，则不得其正；有所忧患，则不得其正。"这是曾参的话，说明人不确切的坏情绪（也就是意不诚）是影响心正的最大阻碍。如果内心自控力不强，不能控制好自己的情绪，就很难修身养性，也达不到至善的层次。内心自控力的强弱不仅能维持内心的宁静，还是能否将事情做好的关键性因素，也就是孔子说的"小不忍，则乱大谋"（《论语·卫灵公》）。对领导者而言，自控力成为权衡其领导力强弱的重要标准之一。

"心不在焉，视而不见，听而不闻，食而不知其味"，是说正心，还指内心的聚精会神。如果心神不定，必然所看、所听不入心，吃食物也感受不到食物的滋味。一个人心思涣散，必定一事无成，更谈不上修身有为。

因此，"正其心"，首先是思想集中，然后是内心纯正。

正心，才能树正念，出正语，传正能量。正心，是理性思维，使自己不受外界影响，不受情绪左右，而不被蒙蔽或不改变正确的判断。讨厌一个人就认为他一无是处，喜欢一个人就认为他十全十美。这样的非理性思维、非正思维、非公思维，应用在管理上，可能导致管理秩序混乱。同时，理性思维还要有制度保障。孔子评价品德好的官员的正心——部下容易在他手下做事，却难以讨好他；以不正当的方式讨好他，他不喜欢；他善于用人，量才而用。孔子评价品德不好、心不正的官员——部下很难在他手下做事，却容易讨好他；以不正当的方式讨好他，他喜欢；他不善于用人，对人求全责备。

正心，就是"知止而后有定"，是境被人转，而不是人被境转。人不能改变环境，人困惑、受伤，这是被动，是随波逐流，是没有定力而心不正；人不能改变环境，环境也不能伤害自己，这是主动，是坚守，是有定力而心正。

"忿懥""恐惧""好乐""忧患"，这些情感妨碍了心正。但这些情感是人天生就有的。心正，不是压抑、扼杀、抛弃这些正常情感，而是要处理好情感与理智的关系。如果人没有了这些情感，人就不是完整的人，不是正常的人。关键是这些情感的表达或发泄，要注意把握度和时机，注重情感和理智的调节。滥情不加节制，会伤害自己、伤害别人。正如人们常说的，生气是用别人的错误惩罚自己。过度悲伤、过度溺爱而不正，会伤人、伤己。在情感走极端时，不要作出判断；得意忘形，被胜利冲昏头脑时，不要下结论；在极度气愤时，不要作出决策。比如，教育学生时，在学生或老师非常气愤时，往往不能找到好的解决办法，缓和一下情绪再来处理，往往会获得好的效果。作为领导者，特别要注意情感和理智的调节，处理问题要理性、冷静。普通人大喜大悲、呼天抢地，最多伤了自己。领导者，影响的是一个群体甚至国家，焉能沉溺于情感，被情感所左右？伟大的人物大多能在激烈的情感中冷静下来，理性面对。苏格兰王子布鲁斯，面对七次战败，他几乎失去了信心。无意中看到蜘蛛一次次吐丝结网一次次被风吹断，还继续不断织网，他振作了起来，重新带领士兵战斗，取得了胜利。刘邦，不为项羽的苦情计所动。你可以说他不近人情，说他铁石心肠，但作为首领，作为一个以安定天下为目标的人，非如此安心不能成大事。项羽派人大声喊话："汉王听着，快快下来决一死战，否则，就把你的父亲给烹杀了！把你的妻子杀死！"刘邦坦然回应："我和你项羽当年同时受命于楚怀王，约为兄弟，我的父亲不就是你项羽的父亲吗？如果你一定要把咱俩的父亲烹了，希望能分一杯肉羹给我！至于我的妻子，你要杀就杀，悉听尊便！"

心正而后身修。大学之道的具体实践以修身为本。"自天子以至于庶人，壹是皆以修身为本。"为什么说修身最重要、最根本呢？因为在格物、致知、诚意、正心、修身、齐家、治国、平天下中，唯独修身需要亲身之行为，亲身之心正，其余皆为理性的认识。修身，不能仅仅理解为参禅打坐、闭门修炼。修身在于躬行，要把内在的修养通过行为表现为齐家、治国、平天下的功夫和业绩。说起来容易做起来难。商朝武丁时期的大臣傅说曾说："非知之艰，行之惟艰。"（《尚书·商书·说命中》）陶行知强调"行是知之始"（《行是知之始》）。修身不是嘴上的功夫。一个人的修养如何，从他的行为中表现出来。因此，修身离不开心正，也离不开行为。

树、竹、藤、草，时常经受狂风、暴雨、大雪的考验。它们的枝条或在风中剧烈地摆动，或被积雪重重地压着。但它们的根紧紧地抓着大地，毫不动摇。由自然现象，我们感受到大学之道的心正，就是长出生命之根、心灵之根和精神之根。

第九章　阐明"齐其家在修其身"

所谓齐其家在修其身者，人，之其所亲爱而辟焉，之其所贱恶而辟焉，之其所畏敬而辟焉，之其所哀矜而辟焉，之其所敖惰而辟焉。故好而知其恶，恶而知其美者，天下鲜矣！故谚有之曰："人莫知其子之恶，莫知其苗之硕。"此谓身不修，不可以齐其家。

文意解读

这一章至第十一章由修身推至齐家、治国、平天下。第十章阐明"治国必先齐其家"。第十一章阐明"平天下在治其国"。这两章主要对治国者修身的品德提出要求。接着第八章的"正其心",这一章从反面论述"修其身",提醒人们修身养性的正确行为。修身,即为了具有学问、品行而自己学习和锻炼,前面几章格物、致知、诚意、正心的实践都是修身的必要阶段。修身,为的是做好人、做好事,使家齐、国治而天下平。第七章、第八章、第九章主要以"不"这种否定的方式阐述诚意、正心、修身,从人犯错、违规而"修道"不到位的行为,提醒人们,不仅要"率性"地彰显自己的天性,还要"修道"。这就是中庸之道的主旨——"天命之谓性,率性之谓道,修道之谓教"。人的存在离不开"率性",社会合群离不开"修道",修身是具体的"修道"。

修身的不正当行为有哪些呢?之所以说管理好自己的家族在于先修身养性,从反面说,人会有情感和认识的偏颇:有人对自己所亲近、喜爱的人,往往会过分偏爱;对自己所鄙视、厌恶的人,往往会过分厌恶;对自己所敬服、尊重的人,往往会过分敬畏;对自己所同情、怜悯的人,往往会过分同情;对自己所傲视、怠慢的人,往往会过分瞧不起。联系第七章、第八章的意诚、心正,这些偏颇的行为显露出其心态不端正、心意不真诚。因此,喜欢一个人而能感受到他的缺点,讨厌一个人而能感受到他的优点,这种心正、意诚的人,天下很少见呀!

接着,引用谚语,说明一些人情绪表现得偏私——溺爱孩子的人不知道孩子的不好,食得无厌的人不认为自己的庄稼长得苗壮。最后概括出修身、齐家的关系——以上的情形就是说,自身的品德没有修养好,就不可能管理好自己的家族。

一个人没有诚意、正心而修身,不端正自己的心态,不排除个人的偏见,是难以管理好家族的。

思考悟道:修身而立己助人

"齐其家在修其身",就是使自身具有公正之心,面对家人,也不偏私,正道直行。为什么心正才能修身呢?修身的行为体现在光明正大而不走歪门邪道。对所爱之人和物会偏爱,乃人之常情,所谓"爱屋及乌",所谓"徐公问美于妻、妾、客也";对所厌恶之人和物则只看见其缺点、丑陋之处;对所敬畏之人和物则阿谀奉承。这样的偏私、偏爱就是修身不到位,对齐家、治国、平天下是不利的。只有自身的修养提高了,不受情感影响而有所偏颇,才能减少个人好恶对人、事判断的不良影响,从而齐家、治国、平天下。由格物、致知而意诚而心正,都在于自身实践,离不开个体内在的心意活动,为自己的修身奠基。修身,即自身通过格物学习、锻炼,提升自己的学问、品行,使美好的精神品质外显、践行。人的修身要通过其言行等真诚地表现出来,如此,修身才能到位。齐家、治国、平天下需要处理人与人之间的关系,在个人修养的基础上,还需要与他人、众人打交道,从家庭走向社会,从独善其身转向兼善天下,做到和谐共处,合作共进。所以,齐家、治国、平天下需要的是为他人服务的品德、能力和才干,而不仅仅是个人独立的品行。当然,这样的品德、能力和才干需要自身修炼才能获得。"自天子以至于庶人,壹是皆以修身为本。"修身是为了齐家、治国、平天下,自己生活得好,家族生活得好,与人相处得好,社会群体合作得好,助人为乐,天下太平。

有的人对与自己亲近的人怀有偏私,就可能看不到与自己亲近的人身上的缺点;对与自己疏远的人,即使对方杰出,也难以看到其身上的优点,这样不利于管理自己的家族。人只有先修身,到达公正、诚实的精神境界,才能屏除内心的偏爱和私欲,以真知灼见引导、指教家人。这就是这一章最后说的"身不修,不可以齐其家"。

在一个家族里,父母面对自己的几个子女,能真正做到无偏无私的不多。因为人都有私心,皆有自己的好恶,所以要管理好自己的家族,修身极为重要。需要真诚对待他人,真心关爱他人,以正确、公正的态度面对生活中的每一个人,从而修养好自己的身心。不以某人做了一点好事就认为他是好人,不以某人犯了一点错误就认为他是坏人。为人处世不要被自己的喜好或情感所左右。管理者必须是一个品行端正的人,以公平、公正的方式引领、评价工作,做到奖罚有度,公平合理;要以身作则,引导团队向好的方向发展。没有良好修养和品德的管理者则难以管理好整个团队。

　　无论是在家族中还是在社会中，修身的关键是克服情感上的偏私，正己，然后正人。孔子为人处世的品德给弟子留下了挺深的印象——"子绝四：毋意，毋必，毋固，毋我。"（《论语·子罕》）孔子杜绝四种毛病：不凭空猜度，不绝对肯定，不拘泥固执，不自以为是。孔子的行为告诉人们，要想改变人，就要先改变自己，要改变他人的恶习，自己必须身先士卒。尤其在与人交往时，你想人帮你，你得先帮人；要想对方怎样对你，你先要怎样对待对方，如此才能赢得他人的尊重和热情。无论在家庭教育中还是在社会管理中，领导者都需要修身，时时严格要求自己，处处以身作则，努力为他人树立良好的榜样，以榜样的力量感化、促进他人成长和发展。

　　怎样修身而管理好家族、社会呢？需要客观、公正地与人相处，追求这一章中曾参提出的建议——"好而知其恶，恶而知其美"。每个人都不相同，有各自的优点和缺点，有属于自身的使命和价值，但作为社会人也需要分工合作而相处好。我们如果总是看别人的缺点，不断以挑剔的眼光对待别人，只会使身边的人远离自己。应该转变自己的观念，多发现别人身上的优点。同样，当你很喜欢一个人时，需要客观、冷静地发现其身上的缺点，这样才能公平公正地识人、交友。这样的修身就是大学之道。具体要做到：一是反省自身，相互沟通。如果与他人出现矛盾，就要反省自己。如果错误在于自己，就要主动向对方道歉；如果错误不在于自己，就要主动与对方沟通，相互尊重，化解矛盾，消除误解。二是去除成见，灵活机动。成见是影响人际关系的障碍。无论是在家庭生活中还是在集体工作中，如果对他人有成见，那么与之交往时就要多一点耐心，多与其沟通，尽可能消除成见，真诚而富有情趣、平易近人地与人交往、合作。三是加强沟通，关键在于对话。每个人都有自己的观点、感受和生活体验。对话是为了面对不同见解，消除人与人之间的隔阂，积极主动地沟通，解决问题。在生活、工作中，人与人之间离不开对话。对话需要相互尊重、宽恕，沟通需要真诚、坦率，就事论事，实事求是。大家可以各抒己见，并接纳各自不同的见解，彼此之间建立信任感。

　　通过诚意、正心而修身，与人相处，面对"亲爱""贱恶""畏敬""哀矜""敖惰"都不要偏颇。"子曰：'见贤思齐焉，见不贤而内自省也。'"（《论语·里仁》）观点不同，各有所得。不同的观点，会引发新的观点；不同的看法，会产生新的看法，对话者会形成最初谁也没有想到的观点。自由交流带来的结果是整体性思维的力量远远大于个体性观点的总和。对话沟通，共享观点能让人们团结起来。当对话者能够开诚布公地共享观点时，才能实现自由交流。修身，就是立己助人，常自省，能自律，懂自愈，乐自足；与人相处，尊重人，需助人，能容人，善和人，必合人。

大学之道离不开修身，更离不开"形于外""笃行之"的实践性行为。

第十章　阐明"治国必先齐其家"

所谓治国必先齐其家者，其家不可教，而能教人者，无之。故君子不出家而成教于国。孝者，所以事君也；弟者，所以事长也；慈者，所以使众也。《康诰》曰："如保赤子。"心诚求之，虽不中，不远矣。未有学养子而后嫁者也。一家仁，一国兴仁；一家让，一国兴让；一人贪戾，一国作乱。其机如此。此谓一言偾事，一人定国。尧、舜帅天下以仁，而民从之；桀、纣帅天下以暴，而民从之。其所令，反其所好，而民不从。是故君子有诸己而后求诸人，无诸己而后非诸人。所藏乎身不恕，而能喻诸人者，未之有也。故治国在齐其家。

《诗》云："桃之夭夭，其叶蓁蓁。之子于归，宜其家人。"宜其家人，而后可以教人。《诗》云："宜兄宜弟。"宜兄宜弟，而后可以教国人。《诗》云："其仪不忒，正是四国。"其为父子兄弟足法，而后民法之也。此谓治国在齐其家。

文意解读

这一章以家与国的关系，阐明"治国必先齐其家"的道理。作为社会人，与家人相处和与他人相处有相通之处，但不完全一致。第九章为了齐家而提出修身。这一章主要阐述齐家。古代的国、家是分开的。周朝建立时，整个天下封诸侯国七十多个。齐国，是姜太公后代的诸侯国；鲁国，是周公旦儿子伯禽的诸侯国；等等。在诸侯国内，嫡长子继承国君之位，其他儿子则封地建家。一个诸侯国主要由几个卿大夫之家组成，这些家族安定和睦了，整个诸侯国就太平安定了。古代的家有两种，一种是普通百姓的小家庭；一种是卿大夫管辖的地方，是大家族。"欲治其国者，先齐其家"，这里的"家"指的不是普通百姓的小家庭，而是卿大夫管辖的大家族。能把一个家族管理好，就可以管理好整个诸侯国。现代社会也一样，县、市管理得好，就可以管理好省，乃至管理好全国。

治理国家一定先要管理好自己的家族，自己家族中的人没能教育好而教育别人，不可以。怎样的家教可以教育人呢？曾参的观点是，君子（品德好的人）不离开家族可以在国家成就教育，具体行为体现在——孝敬父母，是能侍奉君主的原因；尊敬兄长，是能侍奉兄长的原因；慈爱子女，是能统领民众的原因。《尚书·康诰》里说："如同爱护婴儿那样对待百姓。"内心真诚追求了解、教化百姓，即使达不到目的，也不会相差太远。就像真诚的女子，没有要先学会了养育孩子然后再出嫁的。齐家而教人、治国的表现还有——作为君主，在自己一家中推行仁爱，全国就会兴起仁爱的风气；在自己一家中推行礼让，全国就会兴起礼让的风气；一个人贪婪、乖张，全国民众就会发生混乱。家、国联系的关键就是这样。这就叫作，君主的一句话说错了，便可能把事情搞坏；一个人向善，便可能安定国家。

接着，以出类拔萃的圣王尧、舜为正面例子，以残酷凶恶的桀、纣为反面例子，说明君主治国行为对百姓、天下的影响——尧、舜以仁爱统领天下，百姓跟随着行仁爱之道；桀、纣以暴戾统治天下，百姓追随着变得凶暴。君主下的命令与自己喜好的实际行为相反，百姓不会听从、跟随。因此品德高尚的人，自己先有行为然后要求别人，自己先不做的事然后要求别人不做。如果自身隐藏着不宽恕的念头，不推己及人，而能够让别人明白恕道，这样的情况不曾有过。所以，治理国家在于管理好自己的家族。有意味的是，这部分从正、反两个方面表达的是君主治国的品德、行为，与这一章主旨——齐家——没有直接关系，当然，治理好国家应该有齐家的背景。

最后，引用《诗经》的三句话，阐明齐家。

《诗经·周南·桃夭》说："桃花鲜美，树叶茂密。这个女子出嫁了，全家人和睦。"家族和睦相处，然后才可以教化全国的民众和睦相处。《诗经·小雅·蓼萧》说："兄弟相处适宜。"兄弟相处适宜，然后才可以教化全国的民众和平共处。《诗经·曹风·鸤鸠》说："他的言行举止没有过失，可以匡正四方各国。"只有当一个人作为父亲、子女、兄长、弟弟的表现都值得人效法，然后百姓才会效法。这就是说，治理国家在于管理好自己的家族。

作者引用《诗经》的三句话阐释齐家的有效性，像孔子一样，"循循然善诱人"（《论语·子罕》）。

思考悟道：齐家、治国都离不开修身、仁德；仁德服众，"一家仁"齐其家，"一国兴仁"治其国，尧、舜以仁而民从之

从前面格物、致知、诚意、正心、修身，到这一章的齐家和下一章（《大学》最后一章）的治国、平天下，从曾参的阐释来看，大学之道的这"八目"不可分割。家国相通，从组织关系来看，家是国的细胞，从古到今家离不开国，国离不开家；从管理职能来看，齐家是治国的基础，家发展、平安，国万象更新，国不断更新，家也更美。齐家的策略是教养好自己和家人，治国的主要方法是以身作则教化、引领民众，服务民众。个人与家族，家族与社会，既有区别又有联系。人的生存离不开自己，也离不开他人，齐家、治国都是人与人的相处。人类作为社会性动物，既要做好自己，又要与人相处好。人与人怎样相处好呢？齐家、治国，需要具有仁德，体现孔子为人处世的核心思想——"爱人"（《论语·颜渊》）、"仁者不忧"（《论语·子罕》）、"里仁为美"（《论语·里仁》）、"苟志于仁矣，无恶也"（《论语·里仁》）。在《论语·阳货》中，子张问仁，孔子说："能行五者于天下为仁矣。"孔子还说："恭、宽、信、敏、惠。恭则不侮，宽则得众，信则人任焉，敏则有功，惠则足以使人。""仁"的理念就是人与人相处得好的关键。自己修身，还要有仁爱的意识和天下情怀，博施济众，才能真正"齐其家""治其国"。

　　这一章的"齐其家"侧重"教"和在家族中的品行，而后对治国有意义。"其家不可教"，一般解释为"自己家族中的人不能教育好"，即"自己在家族中没有教育好自己、他人"。"教"，不仅是教他人，每个人还离不开自我教育。修身，就是自主学习，自我教育。教育是每个人的终身之道，家族中所有成员都需要担负起教育的责任。既需要父母、兄长的教育，还需要人的自我教育，相互合作，取长补短，具有仁和、慎独之心。教育离不开修身，对管理者或家长而言，修身和齐家浑然一体，修身不到位不可能齐家，但修身者未必能教育好家族中的所有人，人都离不开自我教育。同样，对诸侯或政治人物而言，齐家和治国不可分，不齐家者不可能治好国，但齐家者未必可以参与治国。

　　大学之道修身的价值，可以从普遍性、动态发展的观念来理解，而非固定化、机械化。"君子不出家而成教于国"，动态发展的规律侧面告诉我们，一个人不一定非要寻求一官半职才能达到"教于国"而对治国有影响的目的。治国的根基，即使侧重经济发展也离不开教化民众，这是孔子永恒的、普遍的政治主张——"道之以政，齐之以刑，民免而无耻。道之以德，齐之以礼，有耻且格"（《论语·为政》）。如果修身、正心而达到了仁爱至善的境界，即使不在官场，也可以对民众的为人处世产生正面的影响。从普遍性、广义上来讲，治国不一定就是做官。古代圣贤对当时和后世的民众都产生了重大的教化作用，但他们很多人没有从政做官，即便有的人做官，其对民众的影响也大多不在其任上发生。古代圣贤对民众的教化不仅仅局限于他们所在的那一世，而是能影响民众达千百年之久。齐家者当下未必能治国，品德好的人虽然没有治国，但对后世社会的影响永不断绝。所以，修身而仁德到位，有益于自己成长，虽然不能改变所有人，但有利于社会发展。释迦牟尼、孔子、苏格拉底等圣贤，都是修身者，对他人都具有慈善之心，所以能影响万世。日本近代哲学家、伦理学家和辻哲郎，称孔子、苏格拉底、耶稣、释迦牟尼为"人类的教师"，就是"不出家而成教于国"。1988 年，75 位诺贝尔奖获得者齐聚巴黎，讨论新世纪世界的未来，他们竟然得出一致的结论：21 世纪，人类想要过和平幸福的生活，就应该从两千五百年前中国的孔子那里寻找智慧。大学之道的根基

"明德""至善"，从专业的角度来看是为政的思想、策略；从生存的普遍性角度来看，是个人成长的观念和理想。历史上的圣贤修身而仁德至善，在当时未必能齐家、治国，却可以对未来的世界有永恒的正面感化。

"一家仁，一国兴仁；一家让，一国兴让；一人贪戾，一国作乱。其机如此。此谓一言偾事，一人定国。"齐家而治国，就是以身作则。这句话既是说齐家对治国的重要影响，又是说为政者的行为决定一个国家的兴亡。君主实行仁政，民众就会效仿其推行的仁爱精神；相反，为政者如果实行暴政，结果便是暴乱兴起，民不聊生。所以，为政者的德行决定国家兴亡。古往今来的贤明君主无不通晓这个道理，注重身先士卒，举善明德，推行仁政，既促进经济繁荣，又形成社会和谐的良好局面。这一章提到，尧、舜以仁政统领天下，百姓就会效法他们。唐太宗李世民坚守仁德。他在《帝范》中写道："抚九族以仁，接大臣以礼。奉先思孝，处位思恭。"这是他提出的治国最为重要的四个品行：仁、礼、孝、恭。这四个品行中仁的含义极为广泛，具体而言，主要指人与人相互关爱、友好互助等。作为君主，治国一定离不开修身，以仁义的修养来为政，才能引领民众，建设国泰民安、天下太平的美好社会。唐朝的繁荣，根本在于唐太宗李世民注重修身而实行仁政。《贞观政要》记载了唐太宗与著名政治家魏徵的对话，体现了唐太宗仁爱的为政之道。

有一次，唐太宗李世民与魏徵闲谈，谈到了皇帝应该怎样为百姓做事，我们可以用今天的白话文来陈述。李世民说："帝王总是希望能扩建宫殿屋宇，建设游玩观赏的池台，百姓却不希望，因为这样百姓就会太疲惫。太疲惫是人人都不愿意的事情啊。孔子曾经说：'己所不欲，勿施于人。'那些劳民伤财的事确实不能施加给百姓。我虽然是帝王，号令天下，但是必须学会节制自己的欲望，处理事情必须设身处地为百姓着想。如果不能关心百姓、顺应其意图，那肯定得不到百姓的拥护。"魏徵听罢，不停地点头，说道："陛下能够如此体恤、仁爱百姓，是百姓的福气。臣听说，如果把自己的欲望拿来顺应民意，国家就会昌盛；而劳累百姓满足自己的欲望，就是自取灭亡。隋炀帝为什么灭亡呢？正是因为他骄奢淫逸，不体恤百姓，用严酷的法规惩罚百姓。上面的为政者如此，带动下面的管理者也如此，这样都不能为百姓做事，从而就得不到百姓的拥护。这不仅是史书上记载的，也是陛下您亲眼看到的。一个人，如果关爱他人，对欲望有限度，觉得欲望可以满足，那不仅仅是满足，还学会了节制自己的欲望；但是倘若自己的欲望永远不能满足，那么即使欲望暂时得到了满足，他还是想要上千万倍的欲望。"唐太宗听到魏徵这样说，高兴地说："爱卿说得极是，如果你不说这番话，我也就听不到了。"

作为君主，唐太宗李世民懂得孔子"己欲立而立人，己欲达而达人"（《论语·雍也》）的仁爱之道。因此，他治国，尊重百姓的意愿，真心诚意为百姓谋福利，最终取得了辉煌的成就。人作为社会群体的一员，齐家、治国需要相互理解、相互协调而不至于对立甚至伤害，这就需要遵循"己所不欲，勿施于人"（《论语·卫灵公》），人与人之间才能彼此融洽、友好相处。如果想得到他人的尊重，就要尊重别人；如果想赢得别人的合作，就要倾听对方的观点，互相沟通。孔子说"里仁为美"（《论语·里仁》）；孟子说"居仁由义"（《孟子·尽心上》），"修其身"而具仁德，"齐其家"治其国践行仁义之道，以仁德服众，人的生存就可以迎来繁花似锦的小家园和世界的大家园。

第十一章　阐明平天下在治国

这一章为《大学》的最后一章，阐明大学之道"八目"之终点——治国、平天下。治国、平天下，其根本在于君主的道、德（这一章第一节里"君子有絜矩之道也"，第二节里"君子先慎乎德"，第三节里"善以为宝""仁亲以为宝"，第四节里"君子有大道"），与《大学》开篇的"大学之道，在明明德，在亲民，在止于至善"相呼应。大学之道的"三纲"是为了什么呢？"明明德"而"亲民""止于至善"，为的是治国、平天下。大学之道的"八目"是为了什么呢？第一章里说："物有本末，事有终始。"格物、致知、诚意、正心、修身、齐家作为"末""始"，为的是作为"本""终"的治国、平天下。这样的结构体现了《大学》的整体性和系统化思维。

这一章是《大学》中文字最多的一章。《大学》全篇十一章，这一章篇幅占三分之一还多。这一章内容丰富，作为"八目"的最后两目，重点阐明治国、平天下。由此可见，治国、平天下对每个人的生存，对人类社会的存在，至关重要。通过政府"循道"的组织、管理、服务，民众共存、合作，每个人就能生存得好，与他人相处得好，群体分工合作就能互助得好。国是每个人共在的家，国治理好了，天下安定，人人吉祥如意，家族快乐安康。治国、平天下是一体的。这一章将治国、平天下融合阐释。

怎样治国能使天下太平呢？这一章分四节来解读：第一节，为政的絜矩之道，爱民，启示百姓为人；第二节，治国"先慎乎德"，以民为本，为民服务；第三节，治国以善、仁为宝，以善、仁待人；第四节，君子治国不以利为利而以义为利。

第一节 为政的絜矩之道，爱民，启示百姓为人

所谓平天下在治其国者，上老老，而民兴孝；上长长，而民兴弟；上恤孤，而民不倍。是以君子有絜矩之道也。所恶于上，毋以使下；所恶于下，毋以事上；所恶于前，毋以先后；所恶于后，毋以从前；所恶于右，毋以交于左；所恶于左，毋以交于右。此之谓絜矩之道。

文意解读

这一节的重点是君子治国的行为要有絜矩之道。"絜"，用绳子度量围长。"矩"，画直角或方形的工具。"絜矩"，引申为施政所依据的规范、准则。

遵守絜矩之道，治理国家的具体行为是怎样的呢？曾参认为——由于处于上位的人尊敬老人，民众就会兴起孝敬的风气；处于上位的人尊重长辈，民众就会兴起尊重长辈的风气；处于上位的人体恤孤儿，民众就不会违背这一行为。因此，君子以这样尊重、关心人的具体行为治国，具有遵守规矩的途径，即守规施政的絜矩之道。

治国的行为，还有什么絜矩之道呢？曾参继续阐释——如果自己厌恶处于上位的人的某种行为，就不要用这样的行为使唤处于下位的人；如果自己厌恶处于下位的人的某种行为，就不要用这样的行为侍奉处于上位的人；如果自己厌恶前辈的某种行为，就不要用这样的行为引导后辈；如果

自己厌恶后辈的某种行为，就不要用这样的行为跟随前辈；如果自己厌恶右边的人的某种行为，就不要用这样的行为交往左边的人；如果自己厌恶左边的人的某种行为，就不要用这样的行为交往右边的人。这样治国施政的言行、态度，推己及人，灵活机动，称为"符合规矩的方法"，即絜矩之道。

很多人对《大学》这一章的解释没有注重文字之意，大部分人将"使、事、先、从、交"这五个字统一解释为"对待"，其实可以对这五个字做不同的解释。

思考悟道：守道处世治国，示范引导平天下

这一章的主题是"平天下在治其国"。这里的君子是治国的官员，而且有好的道德。君子守道，慎德，方可走上治国之正道。这一节君子的絜矩之道是指遵守治国的规律，具体表现是关爱他人，身体力行。这种治理国家的准则与第十章的行恕道是相通的。"子贡问曰：'有一言而可以终身行之者乎？'子曰：'其恕乎！己所不欲，勿施于人。'"（《论语·卫灵公》）恕道，孔子看重的是"己所不欲，勿施于人"。絜矩之道，则是注重规则的示范作用。君子守恕道、絜矩之道，离不开第二节的"先慎乎德"。不可否认，管理者必须以自己的德行率先垂范。君子治国从整饬家族开始："一屋不扫，何以扫天下；一家不安，无以平天下。"作为社会管理者，首先要身体力行地尊敬民众，关心弱势群体，社会才会更加和谐。天下太平，匹夫有责，治国、平天下就要从身边的具体事情做起，直道而行，善待他人，以自己的德行服务身边的每个人。

君子治国、平天下，需要身先士卒，以自己的德行引领、教化百姓，也就是"上老老，而民兴孝；上长长，而民兴弟；上恤孤，而民不倍"。君子自己的为人处世到位了，百姓就会效仿。这也是孔子说的"其身正，不令而行"（《论语·子路》），"君子之德风，小人之德草。草上之风，必偃"（《论语·颜渊》）。管理者应该以身作则，以榜样的力量感染人、成就人。海尔集团创始人、全球五十大管理思想家之一张瑞敏认为，领导者本身的行为也是整个企业的风向标，所有的员工都会拿它作为参照物。在企业

中，管理者需要身先士卒，成为带头人。如果遇到紧急情况，管理者只是待在办公室发号施令，不深入一线解决问题，那么只会使工作人员离心，不愿奋发向前。俗话说，领导动，部属跟着动。管理者在工作中，要率先示范，以身作则，让大家有积极向上的工作热情。领导者的絜矩之道，具有示范作用和感染力，就是一种无声的命令和教化，躬行胜于言传，对部属的行为产生极大的激励作用。

君子的絜矩之道，也是推己及人的恕道。这一节里反复说"所……毋以"（如果自己……就不要……）——"所恶于上，毋以使下；所恶于下，毋以事上；所恶于前，毋以先后；所恶于后，毋以从前；所恶于右，毋以交于左；所恶于左，毋以交于右"。如此上、下、前、后、左、右反复说，就是为了强调"己所不欲，勿施于人"的为人处世之道。为人处世需要推己及人、换位思考，站在对方的立场为他人着想。恕道，就是有些事对别人宽容不苛求。与人交往、合作时，会换位思考的领导者，能够体会他人的情绪和见解，理解他人的立场和感受，从他人的视角考虑问题。在现代社会，管理者能否换位思考，已经成为判断其情商丰缺、能力高低的准则。与人共事需要考虑人与人交往的规则，站在他人的角度看问题。比如，你怎样对待别人，别人就怎样对待你；想别人理解你，就要先理解别人，待人真诚，才值得人信任，回报以真诚；注重修正自己，而不重责他人……

换位思考、推己及人是融入社会群体，与人相处、合作的最佳途径。当然，人都有本我的心理特点，总是爱站在自身的视角考虑问题，因此需要"慎独""修道"，自我教育而拓宽视野、与人相处。假如我们换一个视角思考问题，就会理解和宽容，从而使人与人之间的关系变得融洽。宽以待人的品行，就是从换位思考中获得的。人与人之间需要相互尊重、相互关心、相互合作，治国更是如此。治国者，要有换位思考的絜矩之道，与人互动，以身示范，是治国成功的关键。

第二节　治国"先慎乎德"，以民为本，为民服务

《诗》云："乐只君子，民之父母。"民之所好，好之；民之所恶，恶之。此之谓民之父母。《诗》云："节彼南山，维石岩岩。赫赫师尹，民具尔瞻。"有国者不可以不慎。辟，则为天下僇矣。《诗》云："殷之未丧师，

克配上帝。仪监于殷，峻命不易。"道得众则得国，失众则失国。是故君子先慎乎德。有德此有人，有人此有土，有土此有财，有财此有用。德者，本也；财者，末也。外本内末，争民施夺。是故财聚则民散，财散则民聚。是故言悖而出者，亦悖而入；货悖而入者，亦悖而出。

文意解读

第一节开头提到的是治国者以恭敬、恩惠人的品德对民众进行引领。这一节围绕"民"的话题（八个"民"字，两个"众"字），引用《诗经》三处内容，阐明治国必须以民为本，为民服务。以民为本，为民服务，就治国而言为的是得到民众的认可、支持。以民为本，为民服务，是治国者以德治国的要义。治国者以民为本的行为是怎样的呢？

开头说，与民亲近是以民为本的行为。《诗经·小雅·南山有台》说："和善快乐的君子，是百姓的父母。"（这句话前后调换，意思似乎更清晰——能让百姓认为你是爱他们的"父母"，才是和善快乐的君子。）百姓喜欢的，他也喜欢；百姓厌恶的，他也厌恶。这样的君子就可以被称为"百姓的父母"。

接着，从反面说明不亲民而言行邪僻，则天下不太平。《诗经·小雅·节南山》说："高大的终南山，岩石耸立。显赫的太师尹氏，百姓都在仰望你。"（"节"，本义是事物分枝、分段的地方。这里解释为高大，从本义也可以理解为突出之处。山石一块块错杂地堆积着，险峻突兀，棱角分明，像植物突出的节，呈现于天地之间，无一丝遮掩，光明磊落。以此借喻后一句，太师尹氏品德高尚，像终南山一样显著，受到百姓的敬仰。）治国者必须谨慎小心，言行邪僻就可能被百姓推翻。

最后说明，以民为本需要有道德修养，道德不正就丧失民心。《诗经·大雅·文王》说："商朝没有丧失民心时，能够符合配享天命的要求。治国者应该借鉴商朝的兴亡，守住天命并不容易。"（"师"，民众。"上帝"，古人所相信的至上神，为世间万事的主宰，可以决定天下兴亡。）为什么治国以民为本呢？曾参认为，治理国家、管理民众的规律、道理、主张得到民众支持就能保有国家的政权，失去民众支持就会失去国家的政权。（商朝的建立者商汤关心民众，商朝延续五百余年，最后商纣王对百姓残暴，商朝就守不住天命而灭亡了。）怎样得到民众的支持呢？治国者首先要慎重地修养自己的品德。有真正仁爱民众的德行才能获得民众的支持，有民众的支持才能占有土地，有土地才会有财物，有财物才能供给人使用。所以，德行是根本，财物是枝末。假如将外在的东西当作根本，把内在的东西当作枝末，也就是不以德为本而以财为本，那治国者就会和百姓争夺利益而施行劫夺之术。因此，聚集财物于府库，民众的心就会离散；将财物分散给民众，民众的心就会聚拢在一起。因此，治国者违背民心而发号施令，民众也会以违背君心的方式来回应治国者；违背民心获得财富，民众也会以违背君心的方式使财富丧失掉。

这一节阐明治国以民为本，治国者以德为本，这样治国就天下安定美好，呼应《大学》开篇的"三纲"，"明明德""亲民"而"止于至善"，也呼应开篇的"物有本末，事有终始。知所先后，则近道矣"。"本""终"，都是"先"要做的。治国的本是民，是德。以民为先，以德为先，则走上治国的正道。

从《大学》系统化思维来看，这一节的主旨既呼应《大学》开篇又呼应其结尾。治国离不开财物，但财物是末，治国者如果以财物为先，则民心不聚，治国失败；以民为本，大家齐心合力，人需要的财物就能生产好。《大学》这一章最后一句话阐明了利、义的辩证关系，是修身、治国和平天下的重要原则。这句话是："此谓国不以利为利，以义为利也。"这句话在《大学》这一章第四节反复表达了两次，第二次是《大学》的最后一句话。《大学》开篇的第一句话，结尾的最后一句话，都是治国、平天下的核心思想和至圣之道。"以义为利"对当下的治国仍然具有意义，作为治国者，品德修养好，社会管理以关心民众的道义为利益，不害人，不伤人，真正为民众服务，取得民众的信任、支持，而不以财物为政府的利益，国家的发展会更好，天下太平可以逐渐"止于至善"。

接着《大学》第十章三处连续引用《诗经》，这一章这一节又连续三次引用《诗经》阐发思想。《大学》引用《诗经》不少，《中庸》引用《诗经》也很多，体现了孔子诗"可以观"（《论语·阳货》）的理念。观，不仅是用眼睛仔细看，而且是深入地思考，用心地认识、领悟。即通过学习《诗经》，可以博观天地万物，广览世间百态，感悟并获得通达宇宙、人生的智慧。在古代"六经"中，《诗经》是《大学》《中庸》探求道义的丰富资源。

思考悟道：慎德可兴，"修道"、守道、行道而为人处世，不怨天、不尤人，和睦相处，助人为乐

"乐只君子，民之父母。"（《诗经·小雅·南山有台》）相对而言，现代社会个人独立意识强，人之诉求各异，民之好恶各不相同。因此，社会管理更需要走向法治、民主等公正之道，也就是守道。以法治与民相处也离不开德行。"民之所好，好之；民之所恶，恶之。"民之所好、民之所恶应该是合理的而不是随意违道的。因此，治国与民相处的"乐""好""恶"都离不开道、德。慎德为的是守道。自己品德好，才能遵守规则而不违道。这就是第七章"诚其意"的表现——"诚于中，形于外"。内心真诚而具有美好品德，外在的表现才能据道处世、守道而行。人的道、德真正到位，必然天下太平，"止于至善"。"君子先慎乎德"而守道了，就"道得众则得国"。古代没有"道德"的概念，《大学》里，道、德不是合在一起的固定词，而是分开说的，意思不同，开宗明义的话是——"大学之道，在明明德，在亲民，在止于至善"。后来道、德合起来，道离不开德，有德需行道。古代治国、平天下的道和人品的德，就是现在的法治、德治融为一体。因此，不仅德无须概念化，还须分辨道、德并融合起来理解。个人的为人处世离不开道、德，社会的合作、发展离不开道、德。爱护百姓的道、德是治国者的职责。国政不宁、百姓不安，罪责不在他人，而在治国者的无道、无德。因此，以民为本是重要的治国之道，仁爱百姓是重要的治国之德。慎德、守道可以兴天下，无德、违道会失天下，这是治国之铁律。

曾参用"道得众则得国，失众则失国"指出治国的规律，也就是后来的儒学继承者孟子说的"得道者多助，失道者寡助"（《孟子·公孙丑下》）。从这一节围绕"民"的话题可以体会到，为政者治国的主张、规律，最重要的莫过于处理好民生问题，想民众所想，恶民众所恶，如此"道得众"才可以得到民众的拥护和支持，才能国泰民安、天下太平。相反，古代历史上，那些失道的君主，比如夏末的桀、商末的纣、隋末的隋炀帝等，都是因为施行暴政伤民失道，从而失去民心而亡国。守道可兴，违道会亡。

现代社会中人们生活的方方面面同样需要守道，循道而行。人的衣食住行须遵循规律，人的生老病死亦须遵循规律，社会的法制、规章和个人生活的原则都规定了我们应该怎样为人处世。当下如何理解道、遵循道呢？第一，敬畏自然之道。"人法地，地法天，天法道，道法自然。"（《道德经·第二十五章》）人的生存离不开自然万物，所以要敬畏天地间的自然万物，静心感悟不可言说的宇宙奥秘，用心感受世间存在的一切，体验自身的存在之道。第二，在现实生活中寻找自己生存的天性。"天命之谓性，率性之谓道"（《中庸》），坚守生命之道，不因为恶劣的环境而放弃自己的责任和担当，俯仰天地之间而无愧于生活。第三，坚守之道不是固执而是权变的。人的存在离不开天命，但人又不完全适应自然，既要"率性"守道不怨天，又要"修道之谓教"（《中庸》）。"修道"即面对现实生活研究、学习合适的生存之道，认识到"率性"之道并非一成不变，其随着时间、条件、外部环境的改变也会发生微妙的变化。比如，从天性看，我们活着都必须吃喝，但每个人吃喝的种类、量的多少不完全一样，如果每个人寻找到适合自己的饮食之道，对自己的健康就会有益，违背自身的饮食之道，就会伤害身体。在生活中，我们需要顺应道的变化调整自己的观点和行为，与时俱进。关于人的成长之道，孔子提醒人们："君子有三戒：少之时，血气未定，戒之在色；及其壮也，血气方刚，戒之在斗；及其老也，血气既衰，戒之在得。"（《论语·季氏》）

"修道"、守道、行道需要良好的心态和端正的品行："自天子以至于庶人，壹是皆以修身为本。"修身为什么重要？其实，修身是为了"明德"而"修道"。"有德此有人"，无德必致患。国学大师南怀瑾说："人生在世，一切财富、名誉、地位都是外在的表象。德行才是根本，厚德载物这句话丝毫不假。"曾参在这一节里说："德者，本也；财者，末也。"曾参具体指出，为政者如果不修身、明德，只是为了自己积聚财物而与民争利，就会失去民心而丧失财物。因此，品德不只是抽象化的概念。就经济发展而言，德行是企业积聚财物的根本。这条法则不仅适合为政者，也适合市场经济时代的商人。在当下的市场竞争中，管理者的品德修养，对企业获得成功至关重要。人们都不愿意和品行差的人合作，也不愿意购买一家品德不好的企业生产的商品。欺骗手段不能发家致富，商业成功的秘诀是厚德和诚信。待人诚信，就能赢得客户的青睐、好的口碑和好的生意。

从一些卓越的企业家的言谈举止中，人们明白"小胜靠智，大胜靠德"（《世说新语》），不是口头讨好人，而是言行一致才能获得真正的胜利。企业家自身品德修养好，企业才会做好。现实生活中，那些卓越的企业家都品德高尚。比如，中国香港的电影制作人、娱乐业大亨邵逸夫，捐款建设中小学、大学和医院楼房六千多座。美国企业家比尔·盖茨，为了让每个人都有平等的医疗机会，向慈善基金捐款 580 亿美元。日本企业家稻盛和夫建议管理者的选人标准是德高于才，即人格第一，勇气第二，能力第三。稻盛和夫说："我本身也没有什么才能，成功的根源在于有很多人支持我。我在五十多年的经营过程中，在世界经济如此混乱的情况下，一直保持谦虚谨慎的态度，所以有了现在。"稻盛和夫不仅谦逊，而且有大爱。他认为："领导者必须用爱来对待部下。我说的'爱'是经由行动而表现出的'大爱'，而非'小爱'。"这些卓越的企业家，都注重品德，办企业为的是助人。

对国家而言，德是本，财是末。财主要是为了百姓的生存。天下之财，为民所用，则天下太平；为少数人所用，则民怨沸腾。对个人而言，也许财是本，没有一定的财，不能生存；对国家而言，财却是末。如果政府的财用于民生不到位，用于公务支出却很多，政府与民争利，那么这就是违道的不正常现象，亟待改进。历史上的亡国之君聚天下之财为己有，挥霍无度，最终人死国亡。

"言悖而出者，亦悖而入；货悖而入者，亦悖而出。"真乃千古不变警人醒世的"出""入"之道。你怎样对待别人，就会获得怎样的对待。一个人说话伤人，必将伤己。贪官非法获得巨额财物，最终被抓，因为"悖而入"，所以"悖而出"。

人与人对话怎样避免"悖而入""悖而出"呢？苏格拉底提出对话的三

个"筛子"——真实，善意，重要性——给人以启迪。有一次，苏格拉底的一个学生匆匆忙忙地跑来找苏格拉底，边喘气，边兴奋地说："告诉你一件事，你绝对想象不到的……""等一下！"苏格拉底毫不留情地制止他，"你告诉我的话，用三个'筛子'过滤了吗？"这个学生不解地摇了摇头。苏格拉底继续说："当你要告诉别人一件事时，至少应该用三个'筛子'过滤一遍！第一个'筛子'叫作真实，你要告诉我的事是真实的吗？""我是从街上听来的，大家都这么说，我也不知道是不是真的。"这个学生回答。"再用第二个'筛子'来审视，如果不知道是不是真实的，那你要告诉我的事是善意的吗？"苏格拉底说："不，正好相反。"这个学生羞愧地低下头。苏格拉底不厌其烦地继续说："我们再用第三个'筛子'来审视，你急着要告诉我的事，是重要的吗？""并不是很重要。"这个学生回答。苏格拉底说："既然这个消息不重要，又不是善意的，更不知道它是真是假，你又何必说呢？说了只会造成我们两个人的困扰罢了。"

苏格拉底曾说："不要听信搬弄是非的人或诽谤者的话。因为他不会是出自善意告诉你的，他既然会揭发别人的隐私，当然也会同样地对待你。"因此，他提出了对话的三个"筛子"，不做始作俑者，当然也不会受人利用，成为是非的传播者。流言可以伤害一个人于无形。道听途说的人，等于把自己的快乐建立在别人的痛苦之上。说话，反映了一个人的智慧。谨言慎行、言之有物是说话的智慧，会让人一生受用。苏格拉底提出对话的三个"筛子"为的是避免"言悖而出"，需要意诚、心正，与人真诚相处。通过修身立德，"修道"、守道、行道而为人处世，与人和睦相处，方可治国、平天下。

第三节　治国以善、仁为宝，以善、仁待人

《康诰》曰："惟命不于常。"道善则得之，不善则失之矣。《楚书》曰："楚国无以为宝，惟善以为宝。"舅犯曰："亡人无以为宝，仁亲以为宝。"《秦誓》曰："若有一个臣，断断兮，无他技，其心休休焉，其如有容焉。人之有技，若己有之；人之彦圣，其心好之。不啻若自其口出，寔能容之，以能保我子孙黎民，尚亦有利哉！人之有技，媢疾以恶之；人之彦圣，而违之俾不通。寔不能容，以不能保我子孙黎民，亦曰殆哉！"唯仁人放流之，迸诸四夷，不与同中国。此谓唯仁人为能爱人，能恶人。见贤而不能举，举而不能先，命也；见不善而不能退，退而不能远，过也。好人之所恶，恶人之所好，是谓拂人之性，灾必逮夫身。

文意解读

这一章第二节阐释治国以民为本，君主以德为本。治国、平天下离不开慎德，关键在于用人。这一节曾参以"治国之道的待人、用人"（这一节十二个"人"字）为话题，首先引用《尚书·康诰》《国语·楚书》和舅犯的话，简单介绍治国离不开行善、爱人，然后从《尚书·秦誓》中举例为政者为人处世的正、反行为，有守道，有违道，说明君主善、仁品德的价值，进一步证明君主必须以德修身、修德而守道。围绕这一章主题"治国、平天下"，这一节主要阐明为政者待人、用人的问题。

《尚书·康诰》说："天命不是固定的。"这就提醒君主治国的方法，行善就能得到天命，不行善就会失去天命。《国语·楚书》说："楚国不认为什么是珍宝，只认为行善是珍宝。"舅犯说："流亡在外的人不认为有什么是珍宝，仁爱、对人善良被认为是珍宝。"治国如何得到天命呢？曾参认为治国以善、仁为宝。下面重点以《尚书·秦誓》中具体的待人行为为例，阐释以"道善""仁亲"用人、待人的价值。

《尚书·秦誓》说："如果有一个这样的臣子，诚笃专一，虽没有什么本事，但他的内心美、善，有包容人的心态。（在他看来）别人有本事，就好像他自己有一样；别人有美好的德行，他内心喜欢。不是在口头上说一说，而是实实在在能包容别人，因而能保护我的子孙和百姓，对我很有好处啊！相反，另有一个臣子，别人有本事，他就嫉妒而讨厌；别人有美好的德行，他就排挤使之不上达于君主。这是无法包容人的心态，因而不能保护我的子孙和百姓，也可以说是很危险啊！"这里是明显的对比，体现了为政者的德行对治国正、反两个方面的强烈影响，继续呼应《大学》开篇"明德"而"至善"的大学之道。大学之道，为的是治国、平天下。

面对德行恶劣的人，怎么办呢？曾参说明——只有那有仁德的君主才会流放这种不包容人的人，把他们放逐到边远之地，不让他们与贤人共同居住在中原。这就是说，只有仁德的人能做到喜爱善人，厌恶坏人。发现了贤人却不能推举，推举了却不能尽早重用，这是对贤人的怠慢；发现了不善的人却不能罢免，罢免了却不能放逐，这是过错啊。喜欢人人所厌恶的，厌恶人人所喜欢的，这叫作违背人的本性，灾难一定会降临到他身上。曾参说出为政者这些卑鄙无耻的行为，从反面说明为政者以善、仁为宝，以善待人的重要性，也从反面照应了这一节开头"道善""仁亲"的价值。

思考悟道：治国、管理，各行各业的发展都离不开用贤人

道离不开德，有德是行道，治国者的行道离不开守道而重用人才。这一节的"道善""仁亲""爱人""恶人""见贤而不能举"等，都是为政者的待人行为。唯有宽宏大量、贤仁之士能"爱人"、能"恶人"，品德好的为政者对待人才能爱憎分明，以宽广的心态容纳真正的贤人，放逐恶人。对待他人，曾参说"此谓唯仁人为能爱人，能恶人"，这是他传承、弘扬孔子的思想理念。"子曰：'唯仁者能好人，能恶人。'"（《论语·里仁》）"仁"，是孔子的核心思想。这句话体现了仁者的真诚和全面的担当，唯有仁者才能公正无私地去喜爱人、憎恶人，这是孔子权变、恰如其分地为人处世的信条。在孔子看来，"恶人"也是出于爱，不是为了指责、攻击别人，而是从另一个角度真诚地去成人之美，通过真诚的批评，希望恶人知错就改，走上仁道。真正的仁者无分别心，既然没有了分别心，以平等的心面对一切，那爱和恨之间便没有了界限。和睦相处不等于不批评人，真诚批评人是关心人、帮助人。与人真诚相处，别人信任你，可能还喜欢你、批评你、引导你，因为能协助你悔过自新。如果不能公平、公正地去爱人、用人，善恶不分，就不能算是真正的仁者。一定要具有仁心，才能激励、引导人"居仁由义"（《孟子·尽心上》）。

治国者"爱人""恶人"，为的是灵活机动地用人，把仁爱、善良当作治国之宝。孙中山认为："治国经邦，人才为急。"（《上李鸿章书》）古今中外，凡是有作为的治国者，都是把重视和尊重人才作为头等大事落实到位。遵循这样的待人、用人治国之道，人类存在的天命可以常在，社会可

以长治久安，促进人类社会走向人间善道而天下太平。爱人、用人仅仅是为了治国吗？前面提到大学之道的"三纲""八目"重点是为了治国，但其思想观念、价值追求对个人成长、事业发展，对企业发展都有启迪作用。现代企业发展，无论在何种情况下，用人是第一要务。选拔人才并重用人才就可以管理好企业，作为企业管理者，应该将人才放在第一位。人才是现代企业最为宝贵的竞争力之一。因此，许多著名企业家始终将挑选、引进、重用人才，作为首要工作聚精会神抓好。比尔·盖茨创办的世界上发展最快的公司之一——微软公司，将不断寻求优秀人才作为重要的企业管理内容。

比尔·盖茨认为，找到一位适合企业创建的人才，比企业的资产增长更让他激动。他说："这个世界上只要有哪个人才被我看重，我会不惜任何代价，将其请到我身边来。"他在创立美国微软研究院时，请了许多人去说服卡内基梅隆大学的雷斯特教授加入他的企业。经过几个月不断邀请，雷斯特教授终于被比尔·盖茨重视人才的真情感动。雷斯特教授加入微软公司后，又替比尔·盖茨网罗了一大批计算机行业的人才，这使比尔·盖茨喜出望外。其实，从一开始，比尔·盖茨就坚持微软公司一定要雇用行业优秀的人才。必要的时候，他亲自参与招聘的过程。有一次，当一个十分有发展潜力的程序员犹豫是否加入微软公司时，比尔·盖茨就打电话给他。当微软公司发展起来以后，他还时常给他看中的人才打电话，说服他们加入微软公司。

管理学教授蓝多·依·斯佐斯在《微软模式》中这样说道："比尔·盖茨从来都是有意识地雇用那些有天资的人并给予他们丰厚的回报，这似乎已成为一种流行的成功模式。这是微软公司成功的最重要的原因。"比尔·盖茨就是因为重视人才，把选用人才作为第一等要事来抓，其公司聚集了众多优秀人才，微软公司在科技开发的大道上一路领先。

企业管理者能主动、积极用人，因为有自身的理想追求，也具有《大学》里意诚、心正的仁、善品德。大学之道也符合企业的发展之道，对企业的发展、创新具有启发性。企业成功的关键在于管理者是否具有仁义之道，根本是关爱人、重视人才，把选用人才作为头等大事抓好。从具体的

管理来看，将事情做好离不开重用人才。"道善""仁亲"，重视人才，方可管理好企业，方可治国、平天下。

第四节　君子治国不以利为利而以义为利

是故君子有大道，必忠信以得之，骄泰以失之。生财有大道：生之者众，食之者寡；为之者疾，用之者舒，则财恒足矣。仁者以财发身，不仁者以身发财。未有上好仁，而下不好义者也；未有好义，其事不终者也；未有府库财，非其财者也。孟献子曰："畜马乘，不察于鸡豚；伐冰之家，不畜牛羊；百乘之家，不畜聚敛之臣，与其有聚敛之臣，宁有盗臣。"此谓国不以利为利，以义为利也。长国家而务财用者，必自小人矣。彼为善之，小人之使为国家，灾害并至。虽有善者，亦无如之何矣！此谓国不以利为利，以义为利也。

文意解读

《大学》文本的整体性很强，"八目"的系统性有条不紊，有了格物、致知而意诚、心正修身，修身有了好的品行，在齐家的基础上，这一章的四节具体说明治国、平天下在于君主为人处世的具体行为——爱人，关心人，帮助人，与人和睦相处，重视人才。这一章第一节的话题是"君子有絜矩之道"，品德好的君主需要以身作则，推己及人，与人和睦相处；第二节的话题是"君子先慎乎德"，品德好的君主慎德，为民众服务；第三节的话题是"唯仁人为能爱人，能恶人"，品德好的君主以善道、仁爱与人相处；第四节的话题是"国不以利为利，以义为利也"，品德好的君主面对财物以民为本，君主不以财物为利益。君主真正实行这一章第四节的为政之道，就可以平天下。

这一章的主题是"治国、平天下"。第四节中，曾参开头说明——君主有根本的原则和途径：尽心竭力、言而有信便可以把事情做好，获得治国的成效；自高自大、行为放纵便会丧失治国之道。

人的生存离不开财物，君主如何对待呢？面对这一节的主题"利、义"，曾参重点阐释——生产财物有根本的原则：生产的人多，消耗的人少；做事的人勤奋、快速，花费的人节俭适度，这样大家的财物就足够了。这就是这一章第三节提出的，面对生活，心中要有待人的善、仁之德。曾参接着说——有仁爱之心的人用财物帮助人，以仗义疏财的方式提升自身的德行；不行仁义的人，只为自身生产财物。（这样行为的"仁者""不仁者"是具体的君主。）所以，没有处于上位的人喜欢仁德，而处于下位的人不喜欢道义的；没有喜欢道义，做事半途而废的人；没有府库里用仁义得来的财物，不是属于自己所有的。

　　曾参引用孟献子的话，以古代贵族面对财物生产和与人相处的行为，提出治国之道——"国不以利为利，以义为利"。孟献子说："养得起四匹马拉车的大夫之家，不应该考虑养鸡养猪；丧祭时用冰保鲜的公卿之家，不需要养牛养羊；有百辆兵车的诸侯之家，不要收养搜刮百姓财物的家臣，与其有搜刮百姓财物的家臣，宁可有窃取自家财物的家臣。"这样的贵族关心百姓，自己已经很富有，不要再获取更多财物而影响百姓的基本生活，哪怕自己的财物被人偷一点，也不要搜刮百姓的财物。这就是说，治理国家的人不以谋求私利为利益，而是立足于道义，以谋求民众的公利为利益。

　　最后，曾参以君主的不良行为，从反面强调治国之道——"国不以利为利，以义为利"（"义"，公正合宜的道德、行为或道理。"利"，利益，好处）。作为一国之长的君主如果致力于积聚财物，一定是受小人影响。那些小人擅长积聚财物，君主任用那些小人治理国家，灾难祸害一同降临。（等到民心离散之后）虽有善良的人，也难以挽救危机啊！这就是说，治理国家的人不以谋求私利为利益，而是立足于道义，以谋求民众的公利为利益。

　　《大学》的最后与开篇的"三纲"（"明明德""亲民""止于至善"）相呼应，大学之道、君子之道提醒治理国家的人慎"明德"、守善道。治理国家的人离不开现实生活，离不开与人相处，离不开控制自己的私心。治理国家的人"为政以德"（《论语·为政》），遵循道义，德治、法治融为一体，"不以利为利，以义为利"，组织民众生产财物而自己不聚敛财物，保障民众的生活，引导民众"居仁由义"（《孟子·尽心上》），物质生活、精神生活不断丰富，就可以使人们弃旧革新（"亲民"），向往人类社会"止于至善"，治国而平天下。

思考悟道：守道、行道方可生存得好，以义之道治国则利国利民

大学之道，为的是让人明白、遵循生存之道。为了强调道的意义和价值，《大学》开篇首句是"大学之道"，最后一章最后一节的首句为"是故君子有大道"。道，为什么这么重要呢？人的生存离不开道，日常生活中也要走路，为人处世如同人走路一样都要去经历，需要遵循途径、方向、规律、道理、思想和方法等，守道方可行好道而到达目的地。海德格尔《存在与时间》中，生活哲学的真理是，人、人类社会的存在都是旅行在时间的道上，离开了时间，道就不存在了。每个人走的路不一定相同，但每个人活着都要走路，欣赏路上的美景，到达自己的目的地。人、人类社会的发展，只有"走好路"才能生存得好、生活得好。《大学》里作为核心思想的"道"，重点是做人做事的守道、行道，以公正、有效的途径、规律与人相处，治国、平天下。

这一节曾参以人的基本物质生活、行为阐明忠信、仁义的为政之道，君主治国、平天下要以道、义为原则。人类的理想、大道是物质、精神双丰收。生存离不开物质，物质离不开精神，只有遵循忠信、仁义等为政之道，人的物质生活才会更好，才会获得精神快乐。治国"以义为利"，则利民利国，必然天下太平。从国家治理的角度来看，"以义为利"就是坚守为政之道。义，是立身处世公正合宜的行为。君主为政只有公平公正，才能管理好社会，使民众生活得好。如果君主"以利为利"，功利为先，整个社会、民众应有的利益就会受到损害。这是从正、反两个方面提醒君主，不要聚财伤民，这是最大的义。以义之正道、大道治国，有益于百姓，调动了百姓的积极性，对国家的发展更有利。

财物用到百姓身上，百姓就会拥护君主。所谓"财散则民聚"（这一章第二节），民生问题解决好了，民心安定，社会才能和谐、稳定。国家是这样，个人也是这样。"仁者以财发身，不仁者以身发财。"这就是我们现在说的：赚钱是为了活着，不能因为赚钱赔了性命。现在有些人有钱了，却不知道怎么用钱来获得人生的幸福；有些人还因为钱赚多了而陷入痛苦之中，甚至危害健康和生命。因此，处理好"财""仁""身"的关系，遵循"利、义"的正道，对现代人的生存有启示意义。

从继往开来、推陈出新的历史性发展角度来看，现代社会管理需要改掉封建帝王时代的恶习——升官发财，当官做老爷。现代社会管理需要借鉴"明明德""亲民""止于至善"的大学之道和"国不以利为利，以义为利"的治国理念。从《大学》整体性来看，通过"三纲""八目"，最终达到治国、平天下的目的。在依法治国的当下，现代社会管理要慎德而守正道、行大道，真正做到"以义为利"而"不以利为利"，一定能利民利国，达到"亲民""至善"的境界。

中庸之道
——《中庸》释读

全文概读：整体结构体现中庸之道的主旨——从整体性文本解读中庸的含义和《中庸》的主旨

　　《中庸》《大学》皆出自《礼记》，应有一脉相承之处。大学，即"学大"，学习丰富的知识和文化而"止于至善"。中庸，即"用中"，用公正的行为、态度为人处世。《大学》的主旨是通过"学大"而修身、齐家、治国、平天下。《中庸》的主旨是通过"用中"，以天命为根基"率性"而"修道""致中和"，为的是天人合一、天下太平。随着历史的发展，提起中庸，有人理解为折中调和、没有原则的意思，给人留下保守、僵化和不思进取等灰色的印象。对于中庸，人们为什么会有这样的误解呢？这都源于宋朝朱熹等理学家对中庸的注解。朱熹将自己对《大学》《中庸》《论语》《孟子》的注解合编成《四书章句集注》。"四书"后来成为中国古代社会科举取士的必读书。尽管不同时代的学者对中庸的解释有不同，但由于主流文化的影响，直至今日，出版的工具书中还保留着宋代以来对中庸的传统解释。下面是五种关于中庸的权威解释。

　　（1）《四书章句集注》中，朱熹说："中者，不偏不倚，无过不及之名；庸，平常也。""中庸者，不偏不倚、无过不及，而平常之理，乃天命所当然，精微之极致也。惟君子为能体之，小人反是。"

　　（2）《四书章句集注》中，子程子曰："不偏之谓中，不易之谓庸。中者，天下之正道。庸者，天下之定理。"

　　（3）《简明哲学辞典》（上海辞书出版社，2005 年 8 月出版）中这样解释："儒家伦理思想。中，有中正、中和、不偏不倚等义；庸，有平常、常道、用等义。……儒家在《中庸》中，不仅以'中庸'为美德，而且还作为道德修养和处理事务的基本原则和方法。"

　　（4）《古代汉语大词典》（上海辞书出版社，2007 年 5 月出版）中这样解释："儒家伦理思想。指处理事情不偏不倚、无过无不及的态度，是最高的道德标准。"

（5）《现代汉语规范词典》（外语教学与研究出版社、语文出版社，2004年1月出版）中这样解释："我国儒家的最高道德标准，主张折中调和，处事无过无不及。"

以上对中庸的解释都差不多，但这是"中庸"倡导者孔子的原意吗？怎样理解中庸的原意和价值呢？须回到《中庸》文本整体性地去解读，到"中庸"倡导者孔子对中庸的论述中去探究。

"中"的本义是中心，引申为正直，公正，不偏不倚。"庸"最初的含义是用、使用，后来引申为受雇用、平常、不高明等。《小尔雅·广言》里，"庸"有和善的含义。从《中庸》的文本来看，中庸可以理解为"用中"——用正直、公正的态度和行为，也可以理解为正直、公正而和谐。"中庸"不是现代汉语的双音词，须从词组的角度来理解中庸，联系上下文，把"中"的含义和"庸"的含义合起来理解。《中庸》第三章中，孔子说："中庸其至矣乎！民鲜能久矣。"在孔子看来，中庸是最高尚的行为，人很少能够做到，已经很久了。这里的"中庸"可以理解为平庸吗？《中庸》第六章中："子曰：'舜其大知也与！舜好问而好察迩言，隐恶而扬善，执其两端，用其中于民，其斯以为舜乎！'"孔子赞美舜为政是"执其两端，用其中于民"。这里的"用中"是中庸的意思。从动词、形容词词组的角度来看，中庸可以解释为公正地使用，也可以解释为实施公正。孔子很重视"正"——"政者，正也"（《论语·颜渊》）、"其身正，不令而行；其身不正，虽令不从"（《论语·子路》）、"苟正其身矣，于从政乎何有"（《论语·子路》）。因此，中庸的"中"可以理解为人的行为正直、公正。

中庸可以理解为"中和"——正直、公正而和谐，可以从《中庸》的第一章和第八章找到依据。第一章里说："喜怒哀乐之未发，谓之中；发而皆中节，谓之和。中也者，天下之大本也；和也者，天下之达道也。致中和，天地位焉，万物育焉。"这里的"中"就是公正、正直，"和"就是和谐、和睦。第八章里说："子曰：'回之为人也，择乎中庸，得一善，则拳拳服膺，而弗失之矣。'"颜渊的中庸之道，侧重"善"，也就是和善。我们可以从具体的章节来理解中庸的含义。

《中庸》的主旨为中庸之道，从五个部分具体阐释。《中庸》的思想价值即"修道"、明道、守道，走上正道。第一部分是第一章，以"天命""率性""修道"作为中庸之道的总纲。第二部分是第二章至第十一章，以"中庸"为关键词，形式为"仲尼曰""子曰"，用孔子说的话直接阐释中庸之道。第三部分是第十二章至第二十章，以"君子之道"为关键词，用君子治理天下的具体行为说明如何坚守中庸之道。第四部分是第二十一章至第二十五章，以"诚"为关键词，"至诚"方可抵达中庸之道。第五部分是第二十六章至第三十三章，圣人之道坚守天地之道和人之道，具有中庸之道的为政德行，做到天人合一，天下太平。

中庸之道的核心价值是人生存得好、生活得好。人生存的根基在于天、地，没有天、地，哪有自然万物？没有自然万物，哪有人和人类社会？《中庸》第三十章里说："辟如天地之无不持载，无不覆帱。"天、地"为大"，中庸之道的根基在于天命。如何遵循天命，真正走上中庸之道？需要"修道"，在"率性"的基础上通过学习、研究找到适合人生存的规律和方法。所以，《中庸》开篇第一个字是"天"，第一句话是"天命之谓性，率性之谓道，修道之谓教"。《中庸》最后一章以"上天"作为结语——"'上天之载，无声无臭。'至矣"。从生活哲学的思维来看，中庸之道就在于《中庸》的第一句话——人类社会的存在要遵循"天命"，真正做到"率性""修道"，通过学习、研究，公正、和谐地对待天命而走上人生存之正道，敬服天覆盖大地，敬服地承载万物，敬服万物滋养人，如此，人才能生存得好。《中庸》的核心思想首尾呼应。为了人的生存，中庸之道离不开天命，也注重人之道，注重人类社会的管理。人的生存离不开天、地，也离不开人自身和社会管理。人的生存离不开守道——"道也者，不可须臾离也，可离非道也"，人的生存还离不开合作共处。《中庸》为什么要从君子之道、圣人之道来谈中庸之道呢？因为在社会中，人要生存得好，进行社会管理而为民众服务很重要。《中庸》里的君子之道、圣人之道，都是为政之道。为了"修道"、守道，为政的君子、圣人需要"极高明而道中庸"。所以，中庸之道是天人合一、天下太平的大道。

西方诠释学的起源是对《圣经》《荷马史诗》等经典的解读，通过不断诠释、创新，追求这些经典的社会文化价值。中国古代经典，也应该从诠释学的角度来理解，联系现实，感受经典的魅力和价值。从诠释学的角度来看，中国古代的"四书"具有整体性，运用整体性解读文本的系统化思维，我们对"四书"的理解更到位。文本解读的开端是整体，终点是作为部分与整体的统一体的整体。我们阅读《论语》，可以从孔子"为学""为仁""为政"的核心思想，整体性理解《论语》；我们阅读《孟子》，可以从孟子"仁义"的核心思想，整体性理解《孟子》；我们阅读《大学》，可以从"大学之道，在明明德，在亲民，在止于至善"的主旨，整体性理解《大学》；我们阅读《中庸》，也可以从"天命之谓性，率性之谓道，修道之谓教"的主题，整体性理解《中庸》。这样来解读《中庸》，对中庸之道的理解会更深入、更到位。

全文细读：探究中庸之道

第一部分 《中庸》的总纲：中，"天下之大本"；和，"天下之达道"

第一部分作为《中庸》的总纲，即第一章，开门见山，提出中庸之道的根基在于"中和"，围绕"中和"，以道来阐述。第一部分讲了三种道：一是天道，即"率性"之道；二是"致"人道（达到人道），即"修道"；三是人道，即天下之"达道"。人类社会怎样走向公正、和谐的中庸之道呢？从《中庸》整本书来看，都是围绕天道、"修道"、人道来阐释、说明。

第一章 "致中和，天地位焉，万物育焉"

> 天命之谓性，率性之谓道，修道之谓教。
>
> 道也者，不可须臾离也，可离非道也。是故君子戒慎乎其所不睹，恐惧乎其所不闻。莫见乎隐，莫显乎微。故君子慎其独也。
>
> 喜怒哀乐之未发，谓之中；发而皆中节，谓之和。中也者，天下之大本也；和也者，天下之达道也。致中和，天地位焉，万物育焉。

文意解读

作为《中庸》的总纲，第一章的主旨是"道"。"道"的本义是路，引申为途径、方法、措施、规律、道理、道义、主张、思想和学说。道是人生存的基础和关键，现实生活中任何事情都离不开"行"；人的精神存在也离不开思想、心灵的"行"。这一章将以"道"为中心进行解读。人的生存，道的价值在哪里呢？

天（大自然）赋予的禀赋、素质称为"人的本性"，遵循本性为人处世叫作"有途径"，通过学习、研究更符合规律地去做人做事称为"教化"（"修"，这里是学习、研究的意思）。人生的进程，不可以片刻离开，可以离开的就不是生存之路了。

做任何事情都不能离开规律、方法。所以，（为了守道）君子谨慎地面对自己暂时看不到、不明白的生活规律，对他没听过的生活规律也担心害怕。（道是自然的）没有什么（道理）出现在隐蔽里，没有什么（道理）显露在藏匿处。（但为了明道）因此君子谨慎对待自己的独处（是否真正明道了）。（很多译文对这几句话的解释都不太清晰，让人费解。我们联系《中庸》第一章前几句的关键词"道"来系统化解读，可以理解得清楚一些。为什么"莫见乎隐，莫显乎微"呢？"率性"之道是客观的、自然的和正常的，道不会自己掩藏。人不明白道，不是道自己隐蔽了，而是人自己暂时没有察觉、理解和掌握。所以，君子谨慎，自己独立思考而"修道"，寻求生存的正道。）

喜怒哀乐的情绪没有表现出来，称为"公正"；表现出来都符合准则、道义，称为"和谐、和睦"。公正，是社会最根本、最基础的规范；和谐，是社会通行的、共同的规律。达到公正、和谐的境界（中庸之道），大自然就可以各就其位了，万物就可以生长发育了。（这几句话就是"修道"而达"中和"之道的自我教育、教化。）

"喜怒哀乐之未发，谓之中"的"中"，朱熹在《四书章句集注》中解释为"无所偏倚，故谓之中"。"中"只解释为无所偏倚，不妥当。喜怒哀乐既然"未发"，怎么知道它无所偏倚呢？这里的"中"，可以解释为公正或人内心的态度，人没有表明的、未付诸行动的内在心理状态。接下来的"发而皆中节，谓之和。中也者，天下之大本也；和也者，天下之达道也"，"中节""和"即人与大自然之间、人与人之间的和谐、不相害。"中"如果解释为无所偏倚，在"中也者，天下之大本也"这句话中就说不通。无所偏倚怎么可能是"天下之大本"呢？显然，只有人内心的态度公正，才能决定人与大自然之间、人与人之间是否和谐。因此，人公正的内心态度是"天下之大本"。"致中和"，即人公正的内心态度达到与大自然、人类社会和谐的正道。

第一章以"道"贯穿始终，以"道""修道"整体性地解读文本，理解就更到位。

思考悟道：人的生存离不开天命，生存得好需要"修道"

"天命之谓性，率性之谓道"，遵循天性的自然之道，是天道。这个"率性之谓道"的天道还不能直接、完全地通行于人世。因为，人有思想、欲望，组成人类社会后，就背离了一些自然之道。人类社会不能像动物界那样直接地、纯粹地遵循天道，必须在天道的基础上以社会、人间之道展开活动。因此，先前的天道要"修"。"修道"就是通过学习、研究"率性"之道，自我教育，社会教化，寻求适应天命的人道，使人生存得好。人的生存离不开自然之道，但自然之道未必完全符合人间之道，需要"修道"获得更适合生存的人道。

中庸启行于天，关键词是"天命""天地""天下"。天命不是一个空洞的东西，那什么是"天命之谓性"？"性"是一个什么结构？人的心性结构是天命的。天命有先天和后天的。"性"可能有变化，是后天的，但后天的变化离不开先天禀赋的影响。《易经》里说："有天地，然后有万物；有万物，然后有男女；有男女，然后有夫妇；有夫妇，然后有父子；有父子，然后有君臣；有君臣，然后有上下；有上下，然后礼义有所措。"

没有大地会有万物吗？没有天会有大地吗？没有天、地、万物会有人生存吗？没有家庭会有社会吗？人的生存离不开天、地、万物和天道，但人要生存得好需要中庸，用公正的态度、行为对待天、地、万物，对待自己的现实生活。比如，人的生存离不开饮食。但是吃什么，喝什么，怎么吃喝，每个人不完全一样，需要找到适合自己的饮食之道，才会有益于身体健康。

以天、地、万物为条件，人的天命是生命存在的根基。为了使"率性"之道正确，需要"修道"而"用中"。"修道之谓教。"人怎样把自己教育好呢？"教"，有被动的教育，接受别人的教育，也有自我教育。《六祖坛经》里说："自修自行，自成佛道。"成功的教育，就是让人有自学的习惯和独立思考的能力。如果一个人有自学的习惯和独立思考的能力，那么就很有创造性。

人离不开先天之道，人的生存离不开"修道"，为的是探讨人生存的途径、方法和规律，后天生存之道如何学习、研究并遵循呢？"君子戒慎乎其所不睹，恐惧乎其所不闻。莫见乎隐，莫显乎微。"做任何事情都不能离开规律、方法，君子为了守道，对看不到、听不到且不明白的道理、规矩很担忧，而真正的道理是"自诚"，不会故意隐藏。道理暂时不明白，是因为没有"修道"，所以"君子慎其独也"——慎重地独立思考、独立学习而明道。当然，"修道"也要与人交流，但最终确认的道在于自己。每个人的心性都是独有的，不可能与别人完全共有。要把自己的精神田园耕耘好，就需要慎独，独自面对自己的时候不能大意，在面对自己和大众时要同样地公平、正直而没有偏私。

孔子为什么重视"学"呢？在孔子看来，学习是人类的第一特征，学习是人生的第一要务，学习是生活的第一份快乐。孔子的"学"是做人、做事和做学问的统一。通过"学"来"修道"，人才能走上正道。

这样的慎独是为了"修道"而"致"人道。人离不开物质生活，但人道的根本在于心理的健康和心灵的美好——"喜怒哀乐之未发，谓之中；发而皆中节，谓之和"。喜怒哀乐是人之常情，人之天性。"天命之谓性"，喜怒哀乐也是"性"的组成部分。人的生存离不开自然，离不开社会，离不开自己的精神。精神生命的根本点就在喜怒哀乐上。"喜怒哀乐之未发"是人道公正的巨擘，高不可攀，只有极少的圣人能做到。例如，圣人舜，他的父亲和同父异母的兄弟要杀死他，他没有发怒、回击，还一直善待他们；至圣先师孔子对弟子宰我和冉有发怒，但"中节"。喜怒哀乐是因为我们的自然生命有感知，情绪上有表现了，精神上的感受就不一样。社会生活中的顺逆、是非和麻烦会影响我们的精神，会产生喜怒哀乐。面对离不开喜怒哀乐的精神生命，一般人需要"修道""发而皆中节"，这是和睦相处的、通达的人道。遵循天命，通过"修道"，达到公正、和谐的状态，天、地、万物不会受到伤害，人才会生存得好。

心里有喜怒哀乐没有凸显出来，是多么地中正啊！喜怒哀乐"未发"的人不多，但大多数人能做到"发而皆中节"，这是我们人能生存但不可能完美的原因。如果喜怒哀乐发而不中节，人类社会可能就不存在了。从心理学角度来看，喜怒哀乐作为人的心理特征，对人的生存的影响最大。王阳明说："心外无理，心外无事，心外无物。"（《传习录》）人要生存得好，就要通过"修道"，精进自己，提升生命的能量，而"修道"的内核是修心。一切都是内心的映照，心强大了，个人的世界也会曼妙美好。现代社会重视的"修道之谓教"在于心态、精神和思想品德。

作为儒家创始人的孔子很尊重天命。"子曰：'不知命，无以为君子也。'"（《论语·尧曰》）"孔子曰：'君子有三畏：畏天命，畏大人，畏圣人之言。小人不知天命而不畏也，狎大人，侮圣人之言。'"（《论语·季氏》）"子罕言利，与命，与仁。"（《论语·子罕》）孔子谦虚地说自己"五十而知天命"（《论语·为政》）。在遵循天命的基础上，孔子又很注重"修道"而为人处世。他"修道"的思想、方法是"学"。学习可以让自己成长，学习可以改变人生。孔子能成为至圣先师就是因为终身好学。人在尊重天命、"率性"的基础上，通过学习、研究才能生存得好。智、仁、勇等是人的天命之性，如果不"修道"，就不可能走上正道。因此，孔子教诲子路："好仁不好学，其蔽也愚。好知不好学，其蔽也荡。好信不好学，其蔽也贼。好直不好学，其蔽也绞。好勇不好学，其蔽也乱。好刚不好学，其蔽也狂。"（《论语·阳货》）从孔子言浅意深的话语中，可以感受到"修道"，学习、研究很重要。

人的生存离不开天道、天命。人作为社会性动物，需要"修道"而友好相处。所以，《中庸》后面的主要内容是针对为人处世、社会管理和国泰民安的为政来说明中庸之道的价值。

第二部分 具体诠释中庸：中庸至德

第二部分有十章，都是孔子对中庸之道的解读。在《论语》里，关于中庸，孔子只说了一句话："中庸之为德也，其至矣乎！民鲜久矣。"（《论语·雍也》）《中庸》里孔子对"中庸"的概念从正、反两个方面做了详细解读。读者可以从以"中庸"为主题的这十章的具体文本去解读中庸的含义。

第二章 中庸之道的正与反

仲尼曰："君子中庸，小人反中庸。君子之中庸也，君子而时中；小人之反中庸也，小人而无忌惮也。"

文意解读

这是孔子解读《中庸》的第一章，阐明君子和小人对待中庸态度的正与反。"君子"，本义是指古代统治者和贵族男子。孔子说的君子，指的是品德好的人。这里的君子是指品德好的官员或者品德好的各行各业的人。《中庸》里的君子主要是指为政者，小人是指普通人或品德不好的人。《中庸》里的小人是从品德的角度来说的。

孔子说："君子致力于达到中庸的境界，小人违背中庸。君子追求中庸，随时做到合乎公正的标准，时刻以中庸之道约束自己；小人违背中庸，没有任何顾忌心和畏惧心，肆无忌惮。"

这一章，中心词"中庸"第一次出现。庄子在《齐物论》里说："为是不用而寓诸庸。庸也者，用也；用也者，通也。"中庸就是中用——公正的态度、行为能使用、施行，用得通。联系第六章舜"用其中于民"，也可以从"用中"来理解，"中庸"就是用好、实施内心的公正之道。所以，中庸之道即正道。从语境来解读："君子中庸"，官员需要公平、公正地对待民众而管理好社会，道德高尚的人在现实中需要公平、公正地待人；"小人反中庸"，道德低下的人不可能公平、正直地面对现实生活。

从词语解释的角度，还可以联系孔子说的另一句话来理解中庸。"子曰：'君子上达，小人下达。'"（《论语·宪问》）"中庸（中用）"和这里的"上达""下达"，都需要从词组而不是单个词语的角度来理解。

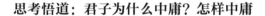

思考悟道：君子为什么中庸？怎样中庸

君子为了修养好自己的品德，与他人相处得好，就一定要在中庸这条正道上走下去，主动地对自己的心性进行净化、优化。君子具有符合天命的正常心态，其行为时时刻刻符合"中节"的人道；小人违背正常心态，见异思迁，见利思迁，随波逐流，投机取巧。当然，人不是天生的君子，通过"吾日三省吾身"（《论语·学而》），防止私心、贪欲，才有可能远离小人而逐渐成为君子。通过"修道"而修身，君子内心恒定，言行时时符合人与大自然、人与社会、人与人和谐之规范，符合人情常理；小人内心不正、不诚则无所顾忌，随心所欲。也就是孔子说的"君子坦荡荡，小人长戚戚"（《论语·述而》）。

在孔子看来，"中庸其至矣乎"。中庸是圣人的境界，只有圣人能够做到。历史上达到中庸之道得到孔子赞叹的圣人很少，只有尧、舜、周文王等少数几位。这一章里的"君子中庸"并不是说品德好的人一定就达到了中庸的境界，而是侧重"修道"，致力于往中庸之道靠近。这是鼓励大家重视修养自身的品德，尽量接近中庸的境界，而不要像小人那样只随着贪嗔痴慢、争名夺利的邪路走下去，与中庸之道一点关系都没有，永远走不上人生的正道。人生存于世，无非为了自己生活得好，与人相处得好，参与社会管理。物质生活满足了，如果内心世界能够行中庸之道，能够在仁、义、礼、智、信上走下去，在自己的自然生命中融入公正、和谐的精神生命，人生就会如瑾瑜一样更加美好。

第三章　中庸如日月至天

子曰："中庸其至矣乎！民鲜能久矣。"

文意解读

孔子继续阐释"中庸"这一概念，说："中庸作为至高无上的德行人很少能够做到，已经很久了。"这里的"民"，不是指百姓，而是指人、人类。

思考悟道：中庸之道是至德

在《论语·雍也》里，孔子说"中庸之为德也，其至矣乎！民鲜久矣"，与这一章相呼应。孔子为什么说中庸是最高的德行呢？人类社会的物质条件、科学技术不断提升，人类已经登上月球，航天科技成果日新月异。与轴心时代和以前的世界名人相比，人的精神品德也不断提升了吗？

社会主义核心价值观中有自由、平等、公正、法治，公正就是古代的中庸之道。从社会历史发展的过程来看，中庸之道是人类社会美好的理想，不一定能完全实现，却是人类社会发展的愿景。如果人类社会真正做到自由、平等、公正、法治，民众的爱国、敬业、诚信、友善就容易做到，国家的富强、民主、文明、和谐也可以做到。所以，中庸之道是人类美好的前途，公正做到了，自由、平等、法治也可以做到。为了天下的太平，为了人类的美好，中庸之道永远值得实行。

第四、五章　中庸之道不行

子曰："道之不行也，我知之矣：知者过之，愚者不及也；道之不明也，我知之矣：贤者过之，不肖者不及也。人莫不饮食也，鲜能知味也。"
子曰："道其不行矣夫！"

文意解读

第三章，孔子为什么说"中庸其至矣乎"？第四章以"知者""贤者"不能守中庸之道，从反面说明中庸是最高的德行。这里的"道"是人做事、人相处的规律、道理和道义。联系前文的系统化思维，这里的"道"就是中庸之道。

孔子说："（为人处世的）道义不能实行，我知道其中的原因：聪明的人做得过度了，愚蠢的人做不到；（为人处世的）道义不能彰显，我知道其中的原因：贤良的人做得过度了，不贤的人做不到。人没有不吃喝的，但很少能分辨出食物真正的滋味。""人莫不饮食也，鲜能知味也"指的是人的生存离不开道，有人却不明白。

因此，孔子说："中庸的道理，大概是不能够实行了啊！"

思考悟道：孔子对"道"不行、不明的忧虑

孔子为什么感叹"道其不行矣夫"？春秋时期，一些诸侯国不按照人生存的规律、道义为政，礼崩乐坏，强国总想霸占弱国，天下大乱。从个人生活的角度来看，这里的"道"也指具体的人生之道、生活实际的正道。有些聪明的人不是面对现实实事求是地生存，不是面对实际不断努力进步，而是具有贪嗔痴的心理，做得过度了。孔子是学问渊博、品德高尚的圣师，但他的生活一切从实际出发，公正、和谐地做事而不过度。"吾少也贱，故多能鄙事。"（《论语·子罕》）孔子说他年少的时候贫贱，因此学会很多鄙贱的技艺。孔子从小就努力学习，年轻时做过"委吏"——粮食仓库管理员；做过"乘田"——饲养牲畜的小吏。孔子只用竹竿钓鱼，不用网捕鱼。孔子只射击在空中飞的鸟，不射击在巢里栖息的鸟。野鸡从前面飞过，孔子立即停下来，等野鸡飞远了才步行。这体现了孔子对生命的公正、仁爱。

孔子作为智者、贤者，在现实生活中面对"道"不"过之"，但是自己终身学习，"修道"锲而不舍，"上达"提升自己。面对简陋的生活，孔子是什么样的态度呢？"子曰：'饭疏食饮水，曲肱而枕之，乐亦在其中矣。不义而富且贵，于我如浮云。'"（《论语·述而》）他吃粗食，喝清水，弯着胳膊当枕头，如此俭朴的生活，快乐却在其中。如果违背道义而获得富贵，在他眼里如同浮云。这就是孔子"修道"的自我教育，遵循正道而生活。有了这样的生活体验，他才感慨社会上有"道之不行"的现象。当然，如果家庭贫穷，不是不去改变贫穷，而是循道而行。人的生存无非"率性"地走在路上，需要走正道，不要"过之"而违道，不要"不及"而离道，通过"修道"而守道，守中庸之道，守仁义之道，可以走得更远，生活得更好。

为了守道而行，孔子提醒弟子和人们："谁能出不由户？何莫由斯道也？"（《论语·雍也》）谁能够走到屋外不经过大门呢？为什么做事不像走到屋外从大门走，遵循仁义这条正道呢？"知者过之"就是为人处世过度、偏私、不公正，不像走到屋外从大门走。"知者""贤者"的"过之"与"愚者""不肖者"的"不及"都未能达到《中庸》第一章的"中节"而"和"，通达人生存的正道、社会的正道。孔子说："过犹不及。"（《论语·先进》）"过"与"不及"皆不"中和"；不"中和"，"道"则不行、不明。

第六章　舜"用其中于民"即中庸

　　子曰："舜其大知也与！舜好问而好察迩言，隐恶而扬善，执其两端，用其中于民，其斯以为舜乎！"

文意解读

　　孔子从圣人舜的为政行为谈中庸之道。舜，如何实行中庸之道呢？

　　孔子说："舜真是具有大智慧的人啊！舜喜欢探讨、研究，又喜欢分析浅近平常的言论；他不宣扬别人的恶言恶行，而宣扬别人善良美好的言行；他把握'过'与'不及'两个方面的情况，采用公正的做法对待百姓，这就是舜被视为具有大智慧的原因吧！"

　　这里的"用其中"就是前文把中庸解释为"中用"的依据。也有译文把"好问"解释为喜欢向人请教。从注重文字解读的角度来看，这样解释不妥。古代汉语的"问"没有现代汉语的请教的含义。联系上下文，这里的"问"应该是探讨、研究的含义。这句话是说舜喜欢考察民情，与"好察迩言"意思相连贯。

　　这一章以巍然屹立的舜为例，从正面说明第三章的"中庸其至矣乎"。

思考悟道：孔子心中的偶像——"天下之大本"的舜

　　这一章孔子以舜的为政行为证明圣人的中庸之道。我们都知道，尧、舜是中国历史上政治的典范。上古两千年的君主社会，尧、舜之治是伟大的政治理想。尧、舜为政的时代，天下太平，民众幸福。舜"用其中于民"，即行中庸之道。面对百姓，舜公正而和善，不公开宣扬别人不好的行为，大肆宣扬别人的善行，自己的喜怒哀乐"未发"，达到"谓之中"的"大本"境界。"舜好问而好察迩言，隐恶而扬善。"他守中庸，任何时候都以公正之道和善对待百姓，坚持"用其中于民"，达到圣人的高度。舜"喜怒哀乐之未发，谓之中"的"大本"境界，《史记·五帝本纪》中有这样的故事——

　　舜的母亲去世得早，父亲是一个视力有障碍的人，后来又娶了妻子，生了一个儿子取名象。父亲宠爱象，想要弄死舜。有一次，父亲要求舜去修补粮仓的屋顶。舜上了屋顶，父亲和象在粮仓下面放火后就立即回家了，想要烧死舜。但舜把斗笠当作降落伞跳了下来，保住了性命。父亲又让舜去挖井，当舜挖到深处时，父亲和象用土把井口填实，幸亏舜之前挖了一条通向外面的隐蔽通道，逃了出来。他们都以为舜死了。过了几天，舜突然回来了，吓得父亲和象直发抖。即便这样，舜仍然友爱兄弟，尊重父亲。

第七章　中庸不能期月守

　　子曰："人皆曰予知，驱而纳诸罟擭陷阱之中，而莫之知辟也；人皆曰予知，择乎中庸而不能期月守也。"

文意解读

　　这一章与第四章、第五章一样，孔子说明有些人坚守不了中庸之道。

　　孔子说："人们都说自己聪明懂道理，但是被驱赶而收进罗网或陷阱之中，却不知道如何躲避；人们都说自己聪明懂道理，但是选择了中庸之道却一个月也不能坚持。"

思考悟道：道不可离，"可离非道也"

　　孔子以掉入陷阱比喻人误入歧途，陷入罪恶的牢笼之中。虽然有些人聪明，办事能力强，但不守中庸之道，有违道的欲望，所以身不由己，受外物诱惑，以致陷入困境而不知道要避开，这样的行为就是《中庸》第一章说的"可离非道也"。人的生存离不开"走路"，物质生活的"路"和精神生活的"路"都"走好"，才会生存得好。中庸之道是人类生存的大道，普通人不一定能做到，但需要"走"在大道上而不陷入无道之中。选择了中庸之道，为什么不能坚持一个月呢？古人有所谓的名缰利锁，现在的文明、科技也有许多陷阱，比如，过度依赖电视、手机，过度沉溺游戏，等等。

从正面来说，如何期月守中庸呢？怎样"修道"呢？就像写字，字无百日功。无论哪一种技艺，坚持一个月的工夫，就可以有一定的基础。坚持一个月以上需要有坚定的信念和自觉的行为，还需要有取舍意识。舍得舍得，舍去一些东西，得到一些东西。有了取舍意识，才能把身边一些事情舍弃，而期月守住中庸之道。这样就能不被生活中的诱惑所牵绊而掉入陷阱之中。

第八章 颜渊为人择中庸

> 子曰："回之为人也，择乎中庸，得一善，则拳拳服膺，而弗失之矣。"

文意解读

孔子以其弟子颜渊的明道、守道，说明中庸之道的价值。

孔子说："颜渊为人处世，选择公正、和善地去实践，得到一种善良的收获，便诚恳信奉，牢记在心，不把它弄丢。"

颜渊是孔子最得意的弟子。孔子赞扬他"不迁怒，不贰过"（《论语·雍也》），为人公正，性情善良。这里孔子以他的弟子作为坚守中庸之道的典范，与第六章舜"用其中于民"相呼应，从正面举例说明第三章"中庸其至矣乎"。孔子赞美舜"用其中于民"，称赞颜渊"择乎中庸"，从这样的语境解读文本，对中庸的理解是不是更清晰呢？

思考悟道：中庸之为人善道

颜渊为什么"择乎中庸"？他的为人有哪些具体表现？

颜渊的家境贫寒，为了生存得好，他选择了中庸之道。颜渊守中庸之道体现在仁爱、和善上。他"愿无伐善，无施劳"（《论语·公冶长》），意思是颜渊不夸耀自己的长处，不宣扬自己的功劳。孔子曾这样表扬颜渊："回也，其心三月不违仁，其余则日月至焉而已矣。"（《论语·雍也》）"贤哉，回也！一箪食，一瓢饮，在陋巷，人不堪其忧，回也不改其乐。贤哉，回也！"（《论语·雍也》）

颜渊"拳拳服膺"是坚持善道不放下。他最感激的是孔子教诲的仁、义、礼、智、信的善道。仁、义、礼、智、信是颜渊实行中庸（实行公正、和善）、为人处世的具体表现。在颜渊看来，不仁不义、无信无礼就是恶。仁、义、礼、智、信为的是与人友好相处。颜渊"得一善"，他就坚守，不断提升自己，对别人"不迁怒"，对自己"不贰过"。颜渊选择中庸之道，成为"孔门十哲"中德行的首席。

第九章　中庸为什么不容易做到

子曰："天下国家可均也，爵禄可辞也，白刃可蹈也，中庸不可能也。"

文意解读

孔子说："天下、诸侯国、卿大夫的采邑可以平定治理，爵位和俸禄可以辞让，锋利的刀刃可以踩踏，但中庸不容易做到。"

从整体性解读文本来看，这一章孔子说"中庸不可能也"，继续强调"中庸其至矣乎！民鲜能久矣"，也就是强调中庸之道的至高无上。

思考悟道：以智、仁、勇"修道"，走在向往中庸的路上

中庸为什么不容易做到呢？中庸之道作为人类社会崇高、美好的理想，真正做到很难。中华民族上古时期只有尧、舜、禹、商汤、周文王少数人做到了中庸。他们为民众服务有一个具体的表现——面对天下的罪过，他们都是自己承担而不指责民众。在《论语·尧曰》中，商汤说"朕躬有罪，无以万方。万方有罪，罪在朕躬"，周文王说"百姓有过，在予一人"。这样对待民众的中庸之道一般人是很难做到的。

第八章从颜渊仁、义、礼、智、信的善道具体感受中庸之道。这一章孔子说的"可均""可辞""可蹈"与智、仁、勇相关。天下、国、家可以平定治理，离不开智慧；爵位、俸禄可以不接受，离不开仁慈；锋利的刀刃敢于踩踏，离不开勇敢。"可均""可辞""可蹈"分别可以靠智、仁、勇做到。中庸需要智、仁、勇三者兼具，但三者都做到几乎不可能，因此孔子说"中庸不可能也"。

"中庸不可能也"，智、仁、勇每个人也不可能完全做到，那古人为什么要反复说人做不到的事情，而且还要不断传承下来呢？之所以这样为的不是要求人完全做到，而是要求人面对美好的目的、方向，走在不可须臾离开的道上，让自己有所进步，生存得好一些。孔子在世时就被人们称为"圣人"，被后世称为"至圣先师"，但是他认为自己也没有完全做到智、仁、勇。"子曰：'君子道者三，我无能焉：仁者不忧，知者不惑，勇者不惧。'"（《论语·宪问》）在《论语》里，孔子还有一些小过错。鲁昭公有违礼的行为，陈司败问孔子："昭公知礼乎？"（《论语·述而》）孔子却说鲁昭公知礼。这就是孔子没有做到勇。孔子还说自己"若圣与仁，则吾岂敢"（《论语·述而》），但他永远追求智、仁、勇，不断提升自己。中国古典四大名著——《水浒传》《三国演义》《西游记》《红楼梦》中都有典型的在智、仁、勇某一方面优秀的人才，但是智、仁、勇全部做到的人几乎没有。中庸之道的意义是什么？智、仁、勇的价值是什么？普通人很难做到，但我们可以通过"修道"而走上智、仁、勇的大道，使自己的人生有所进步，发展得好一些，生活得安然愉悦一些。

第十章 什么是真正的强

子路问强。子曰："南方之强与？北方之强与？抑而强与？宽柔以教，不报无道，南方之强也，君子居之。衽金革，死而不厌，北方之强也，而强者居之。故君子和而不流，强哉矫！中立而不倚，强哉矫！国有道，不变塞焉，强哉矫！国无道，至死不变，强哉矫！"

文意解读

这一章孔子从子路的"问强"联想到中庸之道。

子路向孔子请教什么是强。孔子说："你问的是南方人表现的强，北方人表现的强，还是你自己认为的强？采用宽厚柔和的方式教化人，不报复无理取闹的人，这是南方人表现的强，君子处于这样的环境中。以兵器、铠甲为卧席，战死也不悔恨，这是北方人表现的强，骁勇善斗的人处于这样的环境中。（与南方人、北方人的强对比）因而，君子与人和谐而不同流合污，这才是真正强的样子啊！恪守中庸而毫不偏斜，这才是真正强的样子啊！国家政治清明，不改变暂时被阻止的事（不半途而废），这才是真正强的样子啊！国家政治昏暗，到死都不改变自己的道德操守，这才是真正强的样子啊！"

子路"问强"，孔子将南方人、北方人表现的强进行对比，说明君子的强在于恪守中庸，仍然与《中庸》第二部分的主旨相关。这里的"中立"与前面的"用中"意思相似，中庸可联系"中立""用中"来理解。

思考悟道："和而不流"，"中立而不倚"，亦中庸之道

在孔子看来，南方人表现的强是宽容大度，不是直接为了强而强，是内在的强；北方人表现的强是临危不惧，是外在的强。外在的强不一定能获胜，比如，项羽比刘邦强，但最终刘邦战胜了项羽。

接下来孔子借"强"阐释了中庸之道。与南方人、北方人表现的强相对比，君子的强在于"和而不流""中立而不倚""不变"，体现出中庸的公正、和谐，还体现出孔子"一以贯之"（《论语·里仁》）而权变的思想。君子的强离不开内心的坚守、坚定。这里孔子说君子的强"和而不流""中立而不倚"与《中庸》第一章的"中和"相呼应——"喜怒哀乐之未发，谓之中；发而皆中节，谓之和。中也者，天下之大本也；和也者，天下之达道也。致中和，天地位焉，万物育焉"。前面我们已经理解了，中庸即中和。这里孔子说"和而不流""中立而不倚"，把中庸之道阐释得更到位。

"和而不流"，吸纳各方的意见而有自己的主张，不同流合污，既和谐又公正，此谓内在的强。这一点孔子说过"君子和而不同"（《论语·子路》）。这里的君子是指优秀的管理者。与人和睦相处，不过度，不违道，不堕落，不改变自己的信念，坚持做人的根本原则，坚守正道。国家的发展、强大，离不开走正道。

子路"问强"，孔子从"强"的态度说明君子的中庸之道。君子的强不是片面的、表面的强，而是公正的、内在的强，既和谐又公正。这样的强是"和而不同"守道的高境界：既与人和睦相处，又有自己独立的人格、自己坚定的信念、自己坚守的准则，自己内心的定力，不为外物所左右。

第十一章　有所不为，坚守中庸

子曰："素隐行怪，后世有述焉，吾弗为之矣。君子遵道而行，半途而废，吾弗能已矣。君子依乎中庸，遁世不见知而不悔，唯圣者能之。"

文意解读

这一章是《中庸》第二部分的最后一章，孔子再次阐释中庸。我们可以融合第二章至第十一章，系统化解读文本，理解中庸丰富、深刻的内涵。

孔子说："探索（'素'通'索'）隐蔽的问题、道理，做些怪异的事情，后世的人也许会称述，我不会这样做。君子遵循正道做事，做了一半放弃了，我不会停滞不前。君子按照中庸之道，即使回避世间不被人知晓也不后悔，只有圣人能够这样。"

思考悟道：依乎中庸，一以贯之

孔子为人处世有坚守，也有放弃，为的是"吾道一以贯之"（《论语·里仁》）。面对现实，有时不放弃、不改变就不能守道；有时放弃了，就违道。所以，变是为了不变，为了不变有时需要变。比如，为了天下太平，孔子坚决反对战争。他在卫国被卫灵公问军队阵列的事情，为了自己的反战意识不变，第二天他就离开了卫国。

孔子为人放弃"隐"，真诚对待弟子的态度不变。他曾对弟子说："二三子以我为隐乎？吾无隐乎尔。吾无行而不与二三子者，是丘也。"（《论语·述而》）孔子对弟子，没有任何隐瞒。孔子为人不"怪"，他给弟子的印象是——"子不语怪、力、乱、神"（《论语·述而》）。他不谈论怪异、强力、悖乱、鬼神。这些即使可以让后世的人称述，孔子也不屑去做。这是孔子的放弃与坚守。一些人的遗憾、烦恼在哪里？在为名利而活。孔子教书育人，关怀天下。他学问渊博、品德高尚却不夸耀自己，还谦虚地说自己"若圣与仁，则吾岂敢"(《论语·述而》)。

"遵道而行"是君子所为，但有些君子不能坚持，半途而废。为什么呢？大概是第十章"塞焉""国无道"等原因。孔子则锲而不舍，一以贯之。比如，终身学习是为学之道，孔子"十有五而志于学，三十而立，四十而不惑，五十而知天命，六十而耳顺，七十而从心所欲，不逾矩"(《论语·为政》)，就是终身学习不断上进的人生历程。因为他没有半途而废，所以能下学而上达，成为学问渊博、品德高尚的至圣先师。

孔子为什么能"吾弗能已矣"呢？因为他内心有坚定的信念和理想，有为理想而坚守"吾道一以贯之"(《论语·里仁》)的定力。孔子为人处世坚守的是中庸之道，实行的是仁、义、礼、智、信。在孔子看来，"君子依乎中庸"，能坚持不懈，不被人知晓也不后悔，这样就抵达圣人的境界。孔子不认为自己是圣人，后世称孔子为"至圣先师"。在那个时代，孔子不一定完全做到中庸之道，但他终身追求，不半途而废，更不走邪路。即使实现不了自己的价值追求，他也持之以恒。别人这样评价他坚韧的行为："是知其不可而为之者与？"(《论语·宪问》)孔子是明知行不通却仍要坚持去做的人吗？孔子能改变天下吗？但"子罕言利，与命，与仁"(《论语·子罕》)，他终身关怀天下，关爱民众。

第三部分　君子之道，"修道"而"中和"为政，为天下太平

《中庸》第一部分的第一章是中庸之道的总纲，第二部分的第二章至第十一章孔子阐释"中庸"这一概念。后面三部分没有"中庸"这个关键词，

但具体内容都是说明如何"修道"而适应天道、人道。"道"有正路、法则和理想等含义。人的生存要面向未来，要追求理想，为人处世要遵守法则，坚持走正道，都离不开中和、中庸。第三部分的话题是"君子之道"，君子"修道"应走正道，依循法则，坚持理想，公正、和谐地治理天下；第四部分的话题是"至诚之道"，真诚才可以修正道；第五部分的话题是天地之道、圣人之道，"修道"的最高境界是遵循、敬仰天地之道，达到圣人之道。《中庸》整本书就是启发人追求"中和"、中庸、"用中"，策略是遵循天道，"修道"而适应人道。为了生存得好，人需要感恩自然万物，公正地做人做事，分工合作，要与人和睦相处，相互尊重，相互关心。

在以"中庸"为主题的第二部分，虽然孔子说"中庸其至矣乎！民鲜能久矣""天下国家可均也，爵禄可辞也，白刃可蹈也，中庸不可能也"，但《中庸》后面三部分的内容，就是详细阐明如何追求、走向"中和"、中庸、"用中"。其途径和方式是"率性""修道"而修身，践行为人处世的正道。人如何奉行中庸而能生存得好，策略在于总纲的"修道"而行正道。怎样学习、研究？如何遵循天命呢？具备怎样的精神，掌握哪些规律、方法，才能面对现实生活把为人处世做得更好呢？第三部分做了具体说明，以君子为人、为政的道和德，具体阐明如何指向中庸、"中和"而"修道"，不离人生之正道。中庸之道的根本在于实行正道。

第十二章　君子之道，浅而深的哲学意识

君子之道，费而隐。夫妇之愚，可以与知焉，及其至也，虽圣人亦有所不知焉。夫妇之不肖，可以能行焉，及其至也，虽圣人亦有所不能焉。天地之大也，人犹有所憾。故君子语大，天下莫能载焉；语小，天下莫能破焉。《诗》云："鸢飞戾天，鱼跃于渊。"言其上下察也。君子之道，造端乎夫妇，及其至也，察乎天地。

文意解读

第十二章至第十五章从现实生活阐释君子如何"修道"、行正道。第

十六章孔子借鬼神（鬼，人死后的灵魂；神，自然万物的创造者）说明德行的大道。第十七章至第十九章孔子评价舜、周文王、周武王、周公旦的大德，他们为人处世之正道值得学习。第十六章至第十九章这四章是"修道"的示范。第二十章七个小节鲁哀公问政，孔子谈为政的"修道"，使天下达正道。这里的"道"指君子为人处世的主张、法则、方法和措施等。这里的君子之道就是为政的正道，是君子在社会上生活、工作应该遵循的道理和做人的准则。面对现实生活，君子之道怎样呢？这一章的意思是——

君子坚守的道，既广泛又精微。普通百姓就算有些愚昧，也认为能给予他们一定的道理、方法；至于最高境界的思想，即使圣人也有无法彻底了解的地方。普通百姓就算无所作为，也认为能做好他们日常的事而不完全违背普通的道理；至于最高境界的大道，即使圣人也有无法做到的地方。天地广大，（人的生存离不开自然万物）人们对天地还有不满足的地方。所以，有道德的君子如果从中庸之道的宏观方面来说，天下没有人能够承担它；如果从中庸之道的微观方面来说，天下没有人能够剖析它。《诗经·大雅·旱麓》说："老鹰飞翔到天空，鱼儿跳跃到深水处。"这里是说道上达于天，下至于地，可以洞察万物。君子坚守的道，起步于普通百姓的日常生活中可以知、可以行的普通的道理，往上达到高境界，就可以洞察天上地下生育万物的道理（"察"既有考察的含义，也有细究、细看、辨别的含义）。

思考悟道：为道的根基与深化

"君子之道，费而隐"，"费"，一般解释为广泛，广大；"隐"，一般解释为精微，与朱熹《四书章句集注》解释一致。"费"解释为广泛，广大，有些难以理解，作为这一章的首语与后面的内容似乎没有什么联系。《古代汉语词典》里，"费"有费用、花费和耗损等解释，与广泛、广大没什么关系。反复思考，这里的"费"或许可以这样理解：像日常生活花费一样普通、普遍。如果这样来理解"费"，那"君子之道，费而隐"的意思，即君子之道既寓于日常生活中，又精微奥妙；既有形而下的实行，又有形而上的思辨。人道离不开日常生活，所以"夫妇""可以与知""可以能行"；当然，人道也需要深化，"及其至也"，为的是人生存得好。这里讲了君子之道近与远、具体与抽象的关系，是"修道"的生活哲学模式，与后面的内容都有联系。浅近之道，就像日常生活花费一样，与普通人的日常生活相关；深奥之道，隐藏于天地大道之间，犹如"鸢飞戾天，鱼跃于渊"。浅近之道，"夫妇之愚""夫妇之不肖"可知，能行；深奥之道，圣人有所不知，有所不能。这也许就是君子之道的"费而隐"，既离不开高深的思想，也离不开日常生活，但都要符合人生存的正道。

君子怎样"修道"治理好社会呢？君子之道要从实际出发，不可"语大""语小"而违道。所以说："君子之道，造端乎夫妇，及其至也，察乎天地。"既要从普通人日常生活中普通的道理开始，又要提升高度，做到天人合一。这里说的"道"，似乎与《中庸》第一章的"率性之谓道"相呼应。天命之"性"丰富多样，道也异彩纷呈。在浅近的日常之道和深奥的天地之道之间，道有无限的层级和样式。人为了生存得好需要"修道"、明道而不离道。"道也者，不可须臾离也，可离非道也。"人的生存，做任何事情都离不开道。

第十三章　怎么"修道"呢？"道不远人"

子曰："道不远人。人之为道而远人，不可以为道。《诗》云：'伐柯伐柯，其则不远。'执柯以伐柯，睨而视之，犹以为远。故君子以人治人，改而止。忠恕违道不远，施诸己而不愿，亦勿施于人。君子之道四，丘未能一焉：所求乎子以事父，未能也；所求乎臣以事君，未能也；所求乎弟以事兄，未能也；所求乎朋友先施之，未能也。庸德之行，庸言之谨，有所不足，不敢不勉；有余，不敢尽。言顾行，行顾言，君子胡不慥慥尔！"

文意解读

这一章孔子谈"修道"。围绕《中庸》第三部分的主旨"道"，联系第十二章的"君子之道，费而隐"，孔子从人与人相处的现实生活来探究人生存的道。第十二章的"君子之道，造端乎夫妇"就是这一章的"道不远人"。

孔子说："道不远离人。一个人'修道'而远离人，不可以认为是'修道'。《诗经·豳风·伐柯》说：'砍个斧柄，砍个斧柄，斧柄的样子就接近了（因为你拿着斧柄在砍斧柄）。'手拿斧柄而砍树木做斧柄，斜着眼睛看，斧柄的样子还离得很远。所以，君子按照人的具体情况来管理人，别人如果有过错，改正了就停止。能做到尽心竭力的忠和推己及人的恕，距离中庸之道很近，不愿意施加在自己身上的，也不要施加给别人。这就是道之忠恕。君子这样'修道'就是'道不远人'。

君子之道有四项，我孔丘没有一项能做到（不是孔子每一项都做不到，而是作为教师没有使弟子、他人都做到；孔子还做过五年官，这四项也没有在管理上完全做到）。哪四项呢？用要求子女侍奉我的道理来侍奉父母，用要求臣子忠于我的道理来侍奉君主，用要求弟弟侍奉我的道理来侍奉兄长，用要求朋友对待我的道理来对待朋友。这四项，孔子感叹自己的教化没有能够完全做到。

平常的德行尽力去实践，平常的言语要谨慎，实践有不足的地方，不敢不努力去做；说的有做不到的地方，不敢把话说尽。言语要考虑行为，行为要考虑言语，（如果这样言行一致）君子怎么会不忠厚笃实呢？"

思考悟道：孔子的"修道之谓教"

这里的君子之道，是作为管理者与人相处的为人处世的规则和道义。联系第十二章的"君子之道，造端乎夫妇"，孔子认为道是为了人的生存，道离不开人，人离不开道。"天命之谓性，率性之谓道"，人的生存离不开自然赋予的道。"道不远人"，就是道离不开人的现实生活，离不开人与人之间的关系，离不开人与人之间的相互理解、和睦相处。还可以理解为，你所实行的道，不要让人远离你。如果人远离你，你所实行的会是正道吗？一定是有问题的。"忠恕违道不远"，忠，是对己而言，尽心了；恕，是对人而言，宽容、包容。因此，这里的道就是人与人之间相处的行为准则或规范，或者是作为管理者与人相处的规则和道义，都是人生存的途径。这种准则或规范的原则是推己及人，用现在的话来说是换位思考，也就是孔子说的"己所不欲，勿施于人"（《论语·颜渊》）。孔子为了教化自己、他人而探讨生活的规律，也就是"修道之谓教"。人的自我教育需要"修道"，孔子教化他人更需要"修道"。

人们在现实生活中、在管理中，往往可能责人严、责己宽，己所欲不施于人，己不欲而施于人，造成上下不和谐，甚至下在心理上排斥上。管理者不能做好榜样，被管理者口服却心不服。如此，一则造成管理效能下降，二则人心相怨、相远。人与人之间关系的协调，无非规则和情感两者。规则体现在社会共同遵守的法律、法规，情感则体现在忠恕。难怪曾参感叹："夫子之道，忠恕而已矣。"（《论语·里仁》）忠恕是为人处世的高境界，有忠恕的精神不会远离为人、为政之道。当今人类社会还没有完全做到。有些管理者，为了管理人，制定了很多规则，殊不知，管理工作最基本的途径就在管理者自己身上。管理者的为人之道、做事之道就是很好的管理制度和办法，不仅仅是对人提出要求、制定规则。在社会共同体中，个性与共性、个体与群体，既矛盾又统一。管理的艺术就是在个性与共性、个体与群体之间取得和谐与平衡而共同守道。孔子的忠恕为处理个性与共性、个体与群体的关系提供了思路。

"君子之道四，丘未能一焉"，一般解释为，君子之道有四项，我孔丘连其中的一项也没有做到。这样的解释有些欠妥。虽然我们不一定说孔子是道德圣人，但孔子在不断追求自己道德的完善，孔子说自己一项也没有做到；似乎说不通。笔者解释为孔子作为教师，没有使弟子、他人完全做到这四项；孔子在做官时，也没有在管理上完全做到这四项。如果从孔子自己做不到的角度来理解，这里的"一"可以理解为一贯坚持，意思是孔子认为自己没有坚持不懈完全做到。我们知道，有些事做一时容易，锲而不舍却很难。古今中外的无数事实证明，很多人的"修道"不能做到一辈子持之以恒。在时势面前，能做到"富贵不能淫，贫贱不能移，威武不能屈"（《孟子·滕文公下》）的人真是寥若晨星。这也许照应了《中庸》第三章、第七章、第九章中孔子说过的话："中庸其至矣乎！民鲜能久矣。""人皆曰予知，择乎中庸而不能期月守也。""天下国家可均也，爵禄可辞也，白刃可蹈也，中庸不可能也。"孔子认为，真正实行中庸之道，坚持不懈完全做到是不容易的，但这是人类应该向往的正道、大道。

孔子说自己不完全做到的君子之道的四项就是现实生活中的"道不远人"，子女要好好对待自己的父母，臣子要好好对待自己的君主，弟弟要好好对待自己的兄长，个人要好好对待自己的朋友。这样的四项就是君子的为人之道，做到仁者爱人，推己及人，"施诸己而不愿，亦勿施于人"。如果理解为孔子认为自己在这四个方面还不能坚持不懈而完全做到，说明他对自己"修道"的要求很高。最后，为了不远人，他说："庸德之行，庸言之谨，有所不足，不敢不勉；有余，不敢尽。"他鼓励自己、他人自强不息，奋发向上。为了真正守道、"修道"，他还告诫人们"言顾行，行顾言"，言行一致，追求为人忠厚笃实。孔子很重视言行一致。他说过"君子耻其言而过其行"（《论语·宪问》）、"故君子名之必可言也，言之必可行也"（《论语·子路》）、"君子……敏于事而慎于言"（《论语·学而》）、"君子欲讷于言而敏于行"（《论语·里仁》）、"先行其言而后从之"（《论语·为政》）。孔子言行一致的"修道"思想很有价值，明朝王阳明的知行合一思想是从孔子的为人之道来的，值得当下借鉴。

第十四章　君子素位而守道

君子素其位而行，不愿乎其外。素富贵，行乎富贵；素贫贱，行乎贫贱；素夷狄，行乎夷狄；素患难，行乎患难。君子无入而不自得焉。在上位，不陵下；在下位，不援上。正己而不求于人，则无怨。上不怨天，下不尤人。故君子居易以俟命，小人行险以徼幸。子曰："射有似乎君子，失诸正鹄，反求诸其身。"

文意解读

这一章说明君子需要安于自己所处的位置行事，不期盼除此之外的名利。这样的行为就是素位而守道，做好眼前的事情，为了自己的生活，也为了服务社会，与他人和睦相处。具体的行为体现在哪些方面呢？

若平素处于富贵中，就做富贵者应该做的事；若平素处于贫贱中，就做贫贱者应该做的事；若平素处于夷狄（指古代的少数民族）之境，就依夷狄的处境做应该做的事；若平素处于患难中，就做在患难环境中应该做的事。君子进入什么环境，都处于安然自得的状态。处在上位，不欺侮在下位的人；处在下位，不攀附在上位的人。端正自己而不要求别人，就没什么怨恨。对上不抱怨天，对下不责怪人。所以，君子安居平常生活以等待天命而有所作为，小人走在怪异而危险的路上是为了侥幸获得非分的东西。孔子说："射箭的行为与君子'修道'有类似的地方，如果没有射中靶心，就应该回过头来寻找自身的原因。"

思考悟道：随遇而安还须自强不息，守道做好当下

这一章讲君子在现实生活中的为人处世，"道不远人"，更不要脱离自己。这里的君子不仅指官员，也指品德好的人。这一章讲君子如何在自己的位置上行事，如何与他人相处，如何处理工作、生活中的事情。当然，"素其位而行"并不是永远只在一个岗位上，只做固定的事。在现代社会，我们应该看到，这样的理念有可取的一面，也有消极、保守的一面。固然，一个人首先应该做好眼前的事，做好本职工作。如果有条件可以转行、向外发展，不一定拘泥于"素其位而行，不愿乎其外"。但人做好当下的本职工作很重要，哪怕是短时间在一个岗位上也不能放松、敷衍。不管做什么事，什么时候做事，做多长时间的事，哪怕做一天，都必须守道并把事做好。做自己本分的事不仅是为了自己，也是为了他人，这就是《中庸》里"仁"的核心理念。另外，无论何时何地自己都要动脑筋，用心做事，自强不息，也为自己以后的成长、进步奠定基础。你只是暂时在某个地方做某件事，以后可以离开、转行，但你认真做好当下的事，对你以后调离、转行做其他事也是有益的。这是"素其位而行"对当下人的一些启示。你暂时没有走上"率性"之道，也要"修道"做好自己此时此刻的事。

"素其位而行"有"素贫贱，行乎贫贱"的含义。穷人需要坦然面对现实，但穷人并不一定要安于现状、不思进取，应该努力去改变自己的现状，否则人类社会怎么不断进步呢？《易经》说："天行健，君子以自强不息。"现代社会更是鼓励个人奋斗，取得成功。问题是，当你贫贱时，你不能为了面子而"穷大方"；同样，当你富贵时，也不要吝啬、小气。富裕的人，正当的消费应该多多益善，应该多做善事。这是说，每个人行事要根据自己当下所处的情况，但需要追求上进，守道、"修道"而走正道。

怎么与别人相处才符合道义呢？"在上位，不陵下；在下位，不援上。"其实，人都有不同之处，但需要公平、公正相处，这就是中庸的核心——"正"。在古代，人有上、下之分，上、下如何和谐相处、各得其所呢？"不陵下""不援上"，也给我们现代社会以启示。端正自己而不苛求别人，就不会产生怨恨。其实，现代社会，我们很多的抱怨、矛盾甚至心理问题，都是由于太苛求别人造成的。人们过于追求自身利益，引发了许多纷争。"正己而不求于人"和第十三章的"忠恕违道不远，施诸己而不愿，亦勿施于人"相呼应。因此，忠恕是人与人之间公正、和睦相处的准则。有了忠恕，就会"上不怨天，下不尤人"。怨天有用吗？没有用；尤人有用吗？可能有用，但更多的时候没有什么用，还会有反作用。怨天尤人，不仅弄得别人不高兴，还伤害了自己；伤害了自己，造成心理不健康是最大的损失。美好的生活主要靠自己去争取，而不要把希望仅仅寄托在别人身上。怪别人不支持你，怪别人不为你争取，怪别人不为你考虑，等等。做人，多记人好处，少想人错处。记住别人的好，原谅生活的不完美，不仅是一种豁达，而且是一种生存的智慧。孔子给人们的启示是"躬自厚而薄责于人，则远怨矣"（《论语·卫灵公》）、"不怨天，不尤人"（《论语·宪问》）。这让我们感受到，这个世界还是晴朗的日子多，即便偶尔狂风暴雨，过后依然会阳光灿烂。

做事，我们需要合作。合作的前提是人与人之间情意相合。合作是个体之间的合作，是从个体出发的合作。所以，个体具备的修养是良好的、有效的合作的基础。这一章讲的"素其位而行""反求诸其身""正己而不求于人，则无怨"，对讲究分工合作的现代人仍然有启示作用。正如作家李锐所说："'经典'这两个字不是叫人跪下来膜拜的，也不是把人引向封闭和窒息的；经典是把人引向开放和成长，引向历史限定之外的无限可能性。"（《"我初次看到一个人！"——再读〈白痴〉》）

第十五章　君子之道近乎身

君子之道，辟如行远，必自迩；辟如登高，必自卑。《诗》曰："妻子好合，如鼓瑟琴。兄弟既翕，和乐且耽。宜尔室家，乐尔妻帑。"子曰："父母其顺矣乎！"

文意解读

联系第十四章的"君子素其位而行"，君子怎样在自己的位置上行事呢？

君子行事，就像走向远方一样，一定从近处出发；就像登高山一样，一定从低处起步。《诗经·小雅·棠棣》说："妻子和儿女友好和睦，就像鼓瑟弹琴一样美妙。兄弟融洽相处，和谐快乐感情深厚。你的家庭和睦融洽，你的妻子、子女幸福。"孔子说："（这样美好的家庭）父母肯定称心如意啊！"

思考悟道：不积跬步，无以至千里

这一章以君子从身边"修道"，阐释"道也者，不可须臾离也"。"君子之道，辟如行远，必自迩；辟如登高，必自卑。"向远处、高处走，必须从近处、低处起步。当然，从近处、低处起步，是因为有对远处、高处的追求，也就是《大学》第一章说的"物有本末，事有终始。知所先后，则近道矣"。先确定了远处、高处，然后往远处、高处出发。第十三章的"道不远人"，第十四章的"素其位而行"就是这样，从身边出发，从现实出发，循道由近而远。这里的"道"就是君子为人处世的途径和原则。一个人的为人之道，远的、大的可以是治国、平天下；近的、小的可以是修身、齐家。所做之事可以有大、小之别，所行之道却是一以贯之的。正所谓"一屋不扫，何以扫天下"。也正如《道德经·第六十三章》所说："天下难事，必作于易；天下大事，必作于细。"

不积跬步，无以至千里。君子之道并非玄虚高妙，望尘莫及，而是从"自迩""自卑"的小事、眼前事做起，既有远的、高的追求，又有切近己身的实事。然后引用《诗经·小雅·棠棣》的内容，说明君子"修道"首先从家庭和睦开始。父母顺心，来自家庭的现实生活；家庭顺心，离不开身边的现实生活。家庭的"好合""既翕""和乐""宜""乐""顺"，都是家人和睦相处，体现了第一章"致中和，天地位焉，万物育焉"的"和"之道。家庭和睦了，就为"行远"、"登高"、治国、平天下奠定了基础。这反映了中国古代社会对家庭的重视，对以礼为核心的社会秩序的重视。这一章的内容和《大学》的修身、齐家、治国、平天下的思路相一致。

第十六章 "鬼神之为德"即天道

子曰："鬼神之为德，其盛矣乎！视之而弗见，听之而弗闻，体物而不可遗。使天下之人，齐明盛服，以承祭祀。洋洋乎如在其上，如在其左右。《诗》曰：'神之格思，不可度思，矧可射思？'夫微之显，诚之不可揜如此夫！"

文意解读

在中国古人的观念中，鬼，是指人去世后的魂魄，或指万物的精灵。神，是指自然万物的创造者和主宰者。鬼神是人类存在的前提，没有神灵的生成，怎么会孕育万物呢？人类是怎样对待鬼神的呢？

孔子说："鬼神所显示的功德，真是丰盛啊！看它却看不见，听它却听不见，它体现在万物之中又不可以遗失。它使天下的人斋戒沐浴，衣冠整齐，而举办仪式祭祀。祭祀时，人们可以想象鬼神盛大的气象飘浮在自己的上方，又好像在自己的左右。《诗经·大雅·抑》说：'鬼神的降临，不可以揣度，怎么可以厌弃而不敬呢？'鬼神的形象虽然隐藏着，但它的功德显露了（鬼神孕育万物），真诚是不可以隐藏的，就像这样啊！"

思考悟道：鬼神即万物生命的源头，自身隐藏而功德显露。鬼神之道是君子之道、人之道的根本

前几章讲的都是君子之道。君子之道为的是人的生存，人类社会的生

存。在人生存的基础上，这一章是孔子登高望远，心灵飞上天空俯瞰自然万物。在孔子看来，君子之道是为了人的生存，其根基在于鬼神之道。鬼神孕育万物也是"天命之谓性"，其"率性"之道是绝对化、固定化的。人不完全适应绝对化的天道，但离不开天道，为了生存得好，人需要修自身的生存之道。人为了生存得好，既要敬重、遵循天命、鬼神、天道，又要"修道""发而皆中节"；既要不违天道，又要尽量适应自身的存在。人生存的衣食住行离不开自然万物，既要感恩，又要循道而利用好。比如，遵循天命，人为了生存必须饮食，但不同的人，在不同的时期、不同的情况下吃什么、怎么吃、吃多少等都需要适合自己的身体。孔子研究饮食，提出了十一种情况下的"不食"——"食饐而餲，鱼馁而肉败，不食。色恶，不食。臭恶，不食。失饪，不食。不时，不食。割不正，不食。不得其酱，不食。肉虽多，不使胜食气。惟酒无量，不及乱。沽酒市脯不食。不撤姜食，不多食"（《论语·乡党》）。人的饮食离不开粮食、鱼、肉等，但为了身体健康，需要"修道"，该"不食"的就"不食"。

这里孔子说的鬼神是万物的魂魄，是大自然的力量，是藏在万物里面使万物显现出来的天道，也可以说是老子说的"道生万物"的那个"道"。我们能看到的是万物的表象，至于形成万物的根源是看不见的。所以说，"视之而弗见，听之而弗闻"。人看不见鬼神，但离不开鬼神，需要敬服、感恩鬼神。前人离开了，我们看不见他们，但他们在世时对后世的贡献，留下的思想、精神，仍然保留在后世的人的心中，继续为人的生存发挥有益的作用。人类一代一代的贡献指向远方。所以，"夫微之显，诚之不可揜如此夫"。鬼神隐藏了而功德显露于世，这就是生命存在的真诚而不虚伪。没有鬼神，哪有自然万物呢？"鬼神之为德"，就是鬼神这种看不见的力量创造出的万物和各种现象，也就是我们说的大自然的造化，是"鬼斧神工"。这有点像康德说的"现象界"和"物自体"。现象界是我们能认识的，物自体是我们无法完全认识的。

"神之格思，不可度思，矧可射思？"虽然鬼神的降临是不可以揣度的，但怎么能厌弃而不敬呢？作为大自然造化之一的人，面对"鬼神之为德"，怎么能不"齐明盛服，以承祭祀"呢？我们为什么要敬畏大自然呢？

就因为它有盛德，它创造了万物，但它又永远让人无法看见、听见。这是对生命的敬服，也是对生命源头的敬服。天上没有水，怎么会下雨呢？太阳为什么每天升起呢？等等。远古时期，人们是无法认识这些现象的，就认为这些现象背后都有鬼神。现在，人类对自然现象有了很多科学性的认识，但是，如果无限地追问下去，仍然无法找到真正的答案。宇宙的起源，只能是假设，人类是永远无法认识的。这里和第十二章的"君子之道，造端乎夫妇，及其至也，察乎天地"相呼应。天地之道可"察"，却不可以完全揣度，但人为了生存需要仔细观察而"率性""修道"。人作为有思想和情绪的动物，对暂时不能认识但与生命、生活相关的现象是敬畏的、谨慎的。有趣的是，在《论语》中，"子不语怪、力、乱、神"（《论语·述而》），"子曰：'……敬鬼神而远之，可谓知矣'"（《论语·雍也》）。在《中庸》里，孔子却说"鬼神之为德，其盛矣乎"。

第十七章　舜为大德者必受天命之道

　　子曰："舜其大孝也与！德为圣人，尊为天子，富有四海之内，宗庙飨之，子孙保之。故大德必得其位，必得其禄，必得其名，必得其寿。故天之生物，必因其材而笃焉。故栽者培之，倾者覆之。《诗》曰：'嘉乐君子，宪宪令德。宜民宜人，受禄于天。保佑命之，自天申之。'故大德者必受命。"

文意解读

　　第十六章孔子说人的生存之道离不开鬼神的功德。这一章孔子说明人生存之道的典范——舜的恩德。第十八章、第十九章两章还说明周文王、周武王、周公旦为人之道的恩德。第十七章、第十八章、第十九章可以融合起来理解。第六章孔子赞美了舜的"大知"。这一章舜的"大德"是怎样的呢？

　　孔子说："舜可以说是一个最有孝敬品德的人啊！他在德行上到达圣人的境界，地位尊贵成为帝王，拥有四海之内的一切，后世的人建立宗庙祭祀他，子孙永远保有这种祭祀。所以，德行高尚的人一定得到地位，一定得到俸禄，一定得到名声，一定得到应有的寿。所以，大自然孕育万物，一定根据它的质料而加倍培养。所以，能种植的就培育，倒塌的就遮盖。《诗经·大雅·假乐》说：'美好、快乐的君子，显示善良的美德。让百姓、百官生活和睦，获得天赐予的福气（"禄"在文言文里有福、福气的含义）。天保佑他，任命他。'所以，德行高尚的人一定秉承天命。"

这一章赞美德行高尚的圣人舜，其中三处提到天命——"天之生物""受禄于天""自天申之"。从系统化文本解读来看，这就要联系第十六章的"鬼神之为德"，把天道和人道融为一体来理解，天造福于人，人离不开天。

思考悟道：圣人不是为了功利

第十六章以"鬼神之为德"说明人道的最高峰。这一章和第十八章、第十九章以人类德行的示范者舜、周文王、周武王、周公旦说明人道的价值，是君子之道的追求。这三章，孔子是为了提升君子之道的高度：需要从身边起步，往远方走；需要登高望远，向有"大德"的圣人学习，为了人类的美好未来，不断"修道"而循序渐进走向正道。

圣人舜的德，在于孝。舜的孝，体现了"正己而不求于人"。第六章里我们已经感受到，面对伤害他的父亲、弟弟，舜没有愤怒、哀伤，而是孝敬、关爱。这样的行为、态度，达到了"喜怒哀乐之未发，谓之中"的"天下之大本"的人德、人道的最高峰。如此德行，堪称"圣人"，是君子的楷模。因为舜有这样的"大德"，所以"尊为天子，富有四海之内，宗庙飨之，子孙保之"。

"故大德必得其位，必得其禄，必得其名，必得其寿。""大德"是为了得到这个、得到那个吗？孔子认为圣人、君子追求名利吗？这一章的内容有点怪异、矛盾。这里孔子说的话与他的思想也矛盾。孔子德行高尚没有"得其位"而周游列国十四年，孔子即使从政也不是为了"必得其禄，必得其名"，他留给弟子的印象是"子罕言利，与命，与仁"（《论语·子罕》）。面对名利，孔子是"不义而富且贵，于我如浮云"（《论语·述而》）。孔子的弟子颜渊品德高尚，"必得其寿"吗？颜渊英年早逝，孔子伤心地说颜渊"不幸短命死矣"（《论语·雍也》）。《中庸》的作者，孔子的孙子子思引用孔子的这些话，可能是听错了或理解错了。

这一章结尾引用《诗经·大雅·假乐》中的一句话，说明君子的"大德"在于承受天命，为百姓服务，与功利化的"故大德必得其位，必得其禄，必得其名，必得其寿"也不一致。

第十八章 周朝君子之道，拥有天下的历史

子曰："无忧者，其惟文王乎！以王季为父，以武王为子；父作之，子述之。武王缵大王、王季、文王之绪，壹戎衣而有天下。身不失天下之显名，尊为天子，富有四海之内，宗庙飨之，子孙保之。武王末受命，周公成文武之德，追王大王、王季，上祀先公以天子之礼。斯礼也，达乎诸侯、大夫及士、庶人。父为大夫，子为士，葬以大夫，祭以士；父为士，子为大夫，葬以士，祭以大夫。期之丧，达乎大夫；三年之丧，达乎天子。父母之丧，无贵贱一也。"

文意解读

周朝为什么能拥有天下很长的时间呢？

孔子说："没有忧愁的人，大概只有周文王吧！他有王季做父亲，有周武王做儿子；父亲开创了周朝的基业，儿子继承了他的事业。周武王继承了太王、王季、周文王留下的事业，消灭了商朝而拥有了天下。周武王没有失掉在天下的显赫名声，成为尊贵的天子，拥有四海之内的一切，死后有宗庙祭祀他，子孙永远保有这种祭祀。周武王晚年承受天命成为天子，等到周公旦成就了周文王与周武王的德业，追加太王、王季的王号，以天子之礼往上祭祀历代先祖。这样的礼制推广到诸侯、大夫、士与平民身上。如果父亲为大夫，儿子为士，父亲去世时用大夫的礼制安葬，儿子祭祀时用士的礼制祭祀；如果父亲为士，儿子为大夫，父亲去世时用士的礼制安葬，儿子祭祀时用大夫的礼制祭祀。一年的丧制，可以实行到大夫

的丧礼；三年的丧制，可以实行到天子的丧礼。为父母举办丧礼，没有贵贱之分，天下人都一样。"

"壹戎衣"一般解释为一披上战袍，这样的解释不清晰，一披上战袍就能拥有天下吗？郑玄的注释比较清楚——"壹"即"殪"，消灭。"戎"，大。"衣"，殷，指商朝。"壹戎衣"的意思是消灭商朝。

思考悟道：周朝人尚德重道而得天下

这一章又是通过个例来说明君子之道的德。第十七章孔子从孝的角度体现舜的"大德"，这一章孔子以周朝拥有了天下而为天下主人的历史为例，具体说明君子之道的德的价值，体现周朝人和睦相处、恩爱融洽的德行之正道，从齐家开始，然后治国，最后平天下。"无忧者，其惟文王乎！"周文王无忧愁，就是因为家人相处得宜，也就是第十五章说的"父母其顺矣乎"。一代一代父母都顺心，家族就和顺了，家族的生存就会越来越好且有美好的未来。周文王无忧愁是继承了父亲王季开创的事业和德行，并把它传给了儿子周武王。周朝的起步是家族，然后是小国，最终为什么能拥有天下呢？家族未得天下之前，一代一代配合得好，不断富强，德行也得到其他家族的敬仰。家族得天下的起点在周文王，在太王和王季的时候，小国不断扩大，后来是周文王的儿子周武王得到了天下，周武王的儿子周成王继位，周武王的弟弟周公旦辅助周成王，周朝统领者承上启下形成了为政的连续性，这个政治的连续性建立在德行的正道上，一个家族、国家要发展，一定要有德行的继往开来。周武王能得到天下成为天子，就是因为太王、王季、周文王长辈德行的传承。所以，周武王很敬爱、感恩长辈，把他们都作为天子来祭祀。他的弟弟周公旦实施周文王、周武王的德行而有所创新，所以周朝掌管天下近八百年，是封建王朝中掌控天下时间最长的朝代。这就是孔子的为政理想、追求——"为政以德"（《论语·为政》），君子之道的价值在德。

历史上像周朝这样代代都有豪杰的家族不多，也就是俗话所说的"富贵传家，不过三代"。封建帝王时代，遗憾的是每个朝代创始人的后代很少有优秀的帝王。周朝因为具有稳定的治理策略，又有明德显天下，才可以"武王缵大王、王季、文王之绪，壹戎衣而有天下"。后来周公旦继承了周文王、周武王的德行，借鉴夏、商的礼制，创建了周朝丰富而有文采的礼制，且推广到天下，具体应用到诸侯、大夫与百姓身上。孔子很赞同周礼，很敬佩周公旦。孔子说："周监于二代，郁郁乎文哉！吾从周。"（《论语·八佾》）天下没有完美的朝代，但周朝的德行相对来说是到位的。

第十九章　周武王、周公旦以崇高的祭礼，继承祖先的志向和事业

子曰："武王、周公，其达孝矣乎！夫孝者，善继人之志，善述人之事者也。春秋修其祖庙，陈其宗器，设其裳衣，荐其时食。宗庙之礼，所以序昭穆也；序爵，所以辨贵贱也；序事，所以辨贤也；旅酬下为上，所以逮贱也；燕毛，所以序齿也。践其位，行其礼，奏其乐，敬其所尊，爱其所亲，事死如事生，事亡如事存，孝之至也。郊社之礼，所以事上帝也；宗庙之礼，所以祀乎其先也。明乎郊社之礼，禘尝之义，治国其如示诸掌乎。"

文意解读

周武王、周公旦"达孝"，有些注释"孝"为"孝顺"，是不合适的。"孝"有祭祀、能继承先人之志等含义。联系下文周武王、周公旦具体的祭祀活动，这里的"孝"是祭祀长辈、祖宗的含义，且有他们对祖先的感恩和继承。周武王、周公旦是怎样豁达又虔诚地祭祀祖先的呢？

孔子说："周武王、周公旦他们胸怀宽阔，祭祀祖先啊！这祭祀祖先的人，是善于继承祖先志向，擅长遵循祖先事业的人。每逢春秋举行祭祀的时节，他们修缮祖先的宗庙，陈列祭祀的器物，摆设祖先穿过的衣裳，向祖先进献应时的食物。宗庙的礼仪，是用于排列左昭右穆的顺序的；依照爵位排列次序，是用来分辨贵贱的；依照职务排列次序，是用来分辨德才的；祭祀后众人聚会，晚辈向长辈敬酒，是用来表明祖先的恩德下达到年幼的人；宴会时以头发的颜色排列座次，是用来依次序排列老少长幼的。（以上是祭祀的准备和对祭祀者活动的安排，下面是具体的祭祀行为。）

让祖先的牌位登上先王的位置，举行先王所制定的礼仪，演奏先王所传下来的音乐，敬重先王所尊敬的人，关爱先王所关爱的人，侍奉已去世的祖先如同侍奉他活着时一样，侍奉已亡故的祖先如同侍奉他还存在着一样，这就是祭祀祖先的最高境界。举行祭拜天地的郊社之礼，是用来报答皇天后土的恩德；举行宗庙之礼，是用来报答祖先的恩德。明白了祭天祭地之礼和一年四季祭祀仪式的意义，治理国家如同把放在自己手掌上的东西给别人看那么容易了。"

思考悟道：敬服鬼神之道，人生存的大本

这一章与第十七章舜的孝相呼应，继续讲孝。舜的孝是对父亲的尊敬，体现为一种宽容，"正己而不求于人"，父亲要置他于死地，舜没有怨恨。这一章周武王、周公旦的孝，是对祖先祭祀的礼仪，体现在"善继人之志，善述人之事"。他们尊重已离世的祖先，继承太王、王季、周文王的德行和事业，最终开创了"周天下"。联系第十八章"周公成文武之德，追王大王、王季，上祀先公以天子之礼"，这一章的主要内容是周公旦精密设计了祭祀祖先的礼仪，为的是敬服祖先，传承祖先的优秀文化，而不是形式上的礼制，是感恩生命存在而生存得好的正道。

"达孝"的价值为什么在"善继人之志，善述人之事"呢？前世君主的志向在于国家的长治久安。继承了前世君主的志，才是真正的尊重。用现在的话来说，要继承中国共产党的优秀文化，要继承中国共产党先辈的遗志。"善述人之事"就是好好地延续先辈留下的光辉业绩，后世的人对长辈要尊重、学习。上古时期，从尧、舜到商汤、周武王，他们的时代有辉煌的历史和灿烂的文化，他们优秀的治世方略，对民众的关怀，后世真正的君子、圣人都继承、学习他们为人处世的至德，这就是真实的对祖先的孝。先人之志、事的核心在德。《尚书》的中心思想和核心价值就是德。古代社会有法律，"道之以政，齐之以刑"（《论语·为政》），现代社会法治重要，但法治社会也离不开德。"为政以德"（《论语·为政》），应该是万古不变的政治原则。"为政以德"的行为、态度在哪里？如果没有仁、义、礼、智、信，从何处表现德行呢？仁、义、礼、智、信的"为政以德"从个人扩展到社会，才是真正的"善继人之志，善述人之事"的孝者。在孔子看来，周武王、周公旦才是这样的"达孝"者。

孝，既要侍奉活着的父母和长辈，又要祭祀去世的长辈和祖先。现在说到孝，一般指孝顺，在孔子看来是孝敬，对父母、长辈尊敬才是真正的孝，不仅仅是侍奉父母、顺从父母。孔子说："今之孝者，是谓能养。至于犬马，皆能有养。不敬，何以别乎？"（《论语·为政》）孝道为什么重要？人为什么要孝敬父母、祖先，敬鬼神呢？因为人的存在离不开鬼神，也离不开父母、祖先。孝道，不是形式主义。在第十六章中，孔子说："鬼神之为德，其盛矣乎！"祖先和鬼神对人的生存的恩德，真是丰盛啊！所以，后世的人能生存必须敬仰祖先和鬼神。没有自然万物，没有祖先，后世的人生怎么生存呢？孝敬父母、祭祀长辈是对生命的尊重和感恩。作为"达孝"者，怎样做到"善继人之志，善述人之事"呢？周武王、周公旦设计了具体的、细致的祭祀祖先的孝道。孝，要通过一定的仪式表现：修祖庙，陈宗器，设裳衣，荐时食；孝，还体现在先后上下的次序：序昭穆，序爵位，序职事，序上下，序长幼；孝，最重要的体现是内心的敬："敬其所尊，爱其所亲，事死如事生，事亡如事存，孝之至也"。如此至孝才能继承祖先的优秀文化和事业，走向美好的未来。

"宗庙之礼，所以祀乎其先也。明乎郊社之礼，禘尝之义，治国其如示诸掌乎。"最后，孔子把人尊敬长辈、虔诚地祭祀和对天地的祭拜结合起来，与"鬼神之为德"融为一体，由此阐明了敬鬼神的崇高价值——明白了祭拜天地（"郊社之礼"）和祭祀祖先（"禘尝之义"）的意义，治理国家就很容易了。君子之道必须敬服鬼神——人生存的大本，离不开鬼神创造的自然万物，离不开祖宗的白手起家。

第二十章　天下为政之道

第一节

哀公问政。子曰："文武之政，布在方策。其人存，则其政举；其人亡，则其政息。人道敏政，地道敏树。夫政也者，蒲卢也。故为政在人，取人以身，修身以道，修道以仁。仁者，人也，亲亲为大；义者，宜也，尊贤为大。亲亲之杀，尊贤之等，礼所生也。故君子不可以不修身；思修身，不可以不事亲；思事亲，不可以不知人；思知人，不可以不知天。"

文意解读

这一章的话题是鲁哀公问政。孔子针对为政之道说出自己的建议和观念。从部分的整体性来看，《中庸》第三部分的话题是"君子之道"，这一章的为政话题是君子之道的核心，不管是管理者还是普通人，真正的君子的核心价值在于具有为人处世的优秀品德而有益于他人、社会。从整本书的系统化思维来看，"天命""率性""修道"是人生存的源头，人作为社会性动物，其生存离不开政治。为政离不开"天命""率性"，为政更需要"修道"，走上正道才有益于人的生存。鲁哀公问政，面对为政的君主，孔子的理念是怎样的呢？

孔子说："周文王、周武王的为政措施，陈述在木板、竹简上（意思是文武之德值得鲁哀公学习、继承）。他们生存着，那么他们的政策得以实施；他们去世了，那么他们的政策就停止了。有做人之道才可以努力办理好政事，了解地理、土壤才能种植好庄稼。所谓政治的事情，就像栽培易生长的芦苇，顺其自然则成长好。所以，办理好政事在于人，选取人为政在于自身的品德，修养自身品德在于正道、大道，修养自身走上正道要靠仁道。仁的表现在于与人友好相处，关爱自己的亲人最重要；义的表现在于做事适宜，尊重贤人最重要。关爱亲人有远近亲疏的差别，尊敬贤人有德才高下的等次，这是礼仪产生的原因（普遍关爱他人不是绝对化的、表面的平等）。所以，为政的君子不可以不修养自身的品德；想修养自身的品德，不可以不尽心地侍奉父母亲人；想尽心地侍奉父母亲人，不可以不了解人性；想了解人性，不可以不了解天性、天理（也就是天赋予人的自然本性）。"

思考悟道：君子为政之道在以仁、义修身、"修道"

这一章"哀公问政"，孔子借应答提出他崇拜的"文武（周文王、周武王）之政"，也就是君子为政之正道、大道。"文武之政"，可以说是三千多年前最高的政治标准，也可以说是中国古代为政的基准。孔子的弟子子贡认为"文武之道，未坠于地，在人"（《论语·子张》）。周文王、周武王虽然"其人亡"，但他们为政之正道没有失传，其为政之正道仍然流传在民间。"文武之政"表现在哪里呢？其治理之道正视与人的关系。孙中山说过，政治就是众人之事。有的人说，政治就是治人。不管怎么说，政治是为了人而离不开人，因为人是社会化的动物。社会秩序是怎样建立起来的呢？需要通过人与人的相处达到平衡、和谐、公正的状态。与人相处离不开自己的为人，这一节孔子由为政引出"为政在人"，由"为政在人"引出修身，由修身引出仁、义，由仁、义引出礼的策略。所以，为政的根基在为人，既做好自己又与人友好相处，还为别人做好事。做人的关键是修身、"修道"而提高道德修养，使自己的知识、技能、品德等方面达到一定的水平，其核心是仁、义。第十八章、第十九章，孔子说的就是周文王、周武王与前辈、家人和众人相处的礼仪、行为和仁义的美德。

仁德的基础是做一个好人，最重要的是关爱自己的亲人。关爱亲人、尊敬贤人的规矩和行为，就是礼节。第十八章里周武王对自己的太王、王季、周文王都很敬仰，继承他们的志向和事业，以天子之礼祭祀他们。这一节讲为政君子的修身，就是处理自己与他人的关系。因此，古人的修身离不开伦理。修身，不是孤独地冥想，而是要以他人的反应来观照自己，用与人相处的实践来体现。"思修身"，必须事亲。"思事亲"，必须知人。知人，就是知人性，知人情，知人伦，知道如何尊重人，如何与人打交道。"思知人"，必须知天。因为人是自然之物，是天之物。《中庸》开篇讲"天命之谓性"，就是说人的自然禀赋是先天赋予的。只有知道了人的天性，才是真正知人。

君子为政之道的楷模是"文武之政"，关键是"修身以道，修道以仁"。这里的"修道"与《中庸》开篇的"率性之谓道，修道之谓教"相通。既说"率性之谓道"，又说"修身以道"，可见"率性"不是顺着本性自然发展就可以了，还需要配合修身的功夫。修身、"修道"，就是反省自身，自我教育。曾参"吾日三省吾身：为人谋而不忠乎？与朋友交而不信乎？传不习乎"(《论语·学而》)，就是自己主动积极地修身、"修道"。"修道之谓教"如何更精确地落实呢？这里说"修道以仁"，可见儒学的仁是教化、自我教育的核心，但并不容易做到，仁不是某种天生的性质，需要面向仁道，心甘情愿地自觉修身、"修道"。在《论语》里，"仁"是孔子的核心思想和价值观，孔子说仁是"爱人"(《论语·颜渊》)，"志于道，据于德，依于仁，游于艺"(《论语·述而》)，"仁远乎哉？我欲仁，斯仁至矣"(《论语·述而》)，"里仁为美。择不处仁，焉得知"(《论语·里仁》)，"苟志于仁矣，无恶也"(《论语·里仁》)，等等。可见，道是人共行的正道，仁是个人修身的正道。

第二节

"天下之达道五，所以行之者三，曰：君臣也，父子也，夫妇也，昆弟也，朋友之交也，五者天下之达道也；知、仁、勇三者，天下之达德也；所以行之者一也。或生而知之，或学而知之，或困而知之，及其知之，一也；或安而行之，或利而行之，或勉强而行之，及其成功，一也。(子曰)好学近乎知，力行近乎仁，知耻近乎勇。知斯三者，则知所以修身；知所以修身，则知所以治人；知所以治人，则知所以治天下国家矣。"

文意解读

鲁哀公问政，君子如何与天下人相处呢？孔子继续回答，具体阐释普遍性的人伦之道。

"天下人共同要走的正道有五条，实行这五条正道的基本品德有三种。君臣相处、父子相处、夫妇相处、兄弟相处、朋友的交往，这五项是人类社会共通的人伦之道。明智、仁德、勇敢这三种表现是人实行五条正道共同的品德，这是履行五条正道的方式和原则。对于五条正道、三种品德，有的人生来就知晓，有的人学习了才知晓，有的人经历了困惑而知晓，等到他们都知晓了，道理是一致的。实行五条正道、三种品德，有的人安心实践，有的人为了利益而实践，有的人勉力去实践，等他们实践有成就了，都是一样有效果。(孔子说)喜好学习就接近明智了，努力实践就接近仁德了，懂得羞耻就接近勇敢了。了解这三点，就知道修身的途径；知道如何修身，就知道治理民众的策略；知道治理民众的策略，就知道治理天下国家的策略了。"

这一章第一节里，孔子说"故君子不可以不修身"，这一节他说"知斯三者，则知所以修身"。这一章后面的第三节、第四节，孔子谈"天下国家有九经"的起点就是修身。从整体性来看，孔子认为君子的为政之道关键在修身。修身，在《中庸》里即"修道之谓教"；修身，还可以参阅《大学》的说法，联系起来以系统化思维来加深理解。

思考悟道：修身，通往天下"达道"之路

关于为政，这一章第一节孔子认为"人道敏政"，一定要尊重人道，即尊重社会管理的规律。这一节孔子具体说明"天下之达道五"：君臣、父子、夫妇、昆弟、朋友。这五种人与人之间的关系，即五种人伦，是人类社会的客观存在，是天下普遍的"道"，人与人友好相处即生存的正道。除了君臣，父子、夫妇、昆弟、朋友仍然是现在我们每天必须面对的人道。只要你在人世生存，就回避不了。既然回避不了，就要合理面对。如何面对，如何走好这五条正道呢？也就是在现实生活中如何正确处理这五者之间的关系。有三种智慧或者策略，这就是智、仁、勇。这三者在这一节里被称为"达德"。"德"就是实现正道、体现正道的外在行为准则，就是实现正道的智慧或策略。比如，交友离不开智、仁、勇，战国时期赵国的廉颇和蔺相如由仇到友的朋友之道在于智，春秋时期管仲和鲍叔牙的朋友之道在于仁，三国时期著名隐士管宁割席的朋友之道在于勇。面对君臣、父子、夫妇、昆弟、朋友，都有智、仁、勇不同的处理方式。

对人的生存来说，道是不以人的意志为转移的客观存在。道不可离，道不因为你的好恶而存亡；德，则是人后天学习、修行，也就是"修道"得来的正道——"或生而知之，或学而知之，或困而知之"。"生而知之"者少，大多数人是"学而知之""困而知之"。知道了智、仁、勇，还需要去实行，用智、仁、勇的知识、道理、智慧和策略去实践君臣、父子、夫妇、昆弟、朋友相处这五条正道。这样的践行，又有三个层次："安而行之"，"利而行之"，"勉强而行之"。以孝敬老人为例，有的人自愿而且认为应该孝敬老人，是"安而行之"，这样做内心能体会到快乐，这是真正的正道；有的人为了遗产、名声等利益去孝敬老人，是"利而行之"；有的人因为家族的压力、舆论的压力、道德的压力去孝敬老人，这是"勉强而行之"。从中庸之道的角度来看，"利而行之""勉强而行之"的行为不够真诚，需要提高层次，真心诚意行正道。"诚"作为为人之道的价值，可以联系第四部分以"诚"为核心的内容来理解。

孔子既有渊博的学问、深刻的思想，为人处世又务实，内心真诚而不巧言令色。为人处世不是从动机出发，而是实事求是从效果出发，理论与实践相结合。孔子指出如何修行智、仁、勇——"好学近乎知，力行近乎仁，知耻近乎勇"。知道了智、仁、勇的道理，并且努力地用它去实践君臣、父子、夫妇、昆弟、朋友这五条正道，才是真正的修身、"修道"。有了这样的修身，才能去"治人""治天下国家"。这里就和这一章第一节相呼应，"为政在人"，为人在修身。修身，是为道修身，以道修身，也就是"修道之谓教"；修身，才可以明道、守道，才可以走上中庸之道；修身，是为人处世的根本；修身，通往天下"达道"、正道。

第三节

"凡为天下国家有九经，曰：修身也，尊贤也，亲亲也，敬大臣也，体群臣也，子庶民也，来百工也，柔远人也，怀诸侯也。修身则道立，尊贤则不惑，亲亲则诸父昆弟不怨，敬大臣则不眩，体群臣则士之报礼重，子庶民则百姓劝，来百工则财用足，柔远人则四方归之，怀诸侯则天下畏之。"

文意解读

这一章第二节表达普遍性的"天下之达道五"。这一节具体阐明"为天下国家有九经"。从整体性、系统化思维来看，接着这一章第二节的"好学近乎知，力行近乎仁，知耻近乎勇。知斯三者，则知所以修身；知所以修身，则知所以治人；知所以治人，则知所以治天下国家矣"，孔子具体阐明"治天下国家"的为政之道有"九经"。"九经"的首条就是这一章第二节中的修身，是根源；"九经"就是对这一章第二节中的"治人"的具体阐释。

为政有哪九条纲领呢？

凡是治理天下国家有九条纲领，说的就是：修养自己，尊重贤人，关爱亲人，敬重大臣，体恤群臣，爱民如子，招徕各行各业工匠，善待远来的人，安抚诸侯各国。这九条治理天下国家的纲领的价值在哪里呢？修身后"治人"怎样呢？

修养自己，正道就确立了；尊重贤人，疑惑就解除了；关爱家人，父母、叔伯、兄弟就不会抱怨；敬重大臣，遇事就不迷惑；体恤群臣，官员就会回报自己受到的礼遇；爱民如子，百姓受到鼓励而努力工作；招徕各行各业工匠，钱财、物资就使用充足；善待远来的人，四方民众就会来归；安抚诸侯各国，天下人就敬服治理天下国家的君主了。

思考悟道："九经"的现代价值

这一章第二节表明天下人共同要走的五条人伦"达道"，从普遍性角度来谈君子的为人正道。这一节从治理天下国家的角度具体说明君子为政的"九经"。为政的这九条纲领，第一条修身是为政者与自己的关系，其余八条是与同僚、百姓等他人的关系。中国政治哲学就体现在处理人与人之间关系的智慧上，儒学的"为政以德"（《论语·为政》），离不开规则、道义。

其实，当下的法治社会同样需要处理人与人之间的关系。《中庸》里提到的这九条治理国家的纲领具有现代价值吗？从事实来看，这"九经"跟我们当下的治国、管理理念颇有相似之处。每个领导者、管理者都需要以自己良好的修养树立威信，各行各业都有自己的职业道德。不仅仅是领导者、管理者，现代社会的每个人都有修身的课题。"尊贤"，就是尊重知识，尊重人才。"亲亲"，就是家族和睦。"敬大臣""体群臣"，就是现在各行各业同事要和睦相处，团队要和谐。"子庶民"，就是现在的关注民生，为民众服务。"来百工"，就是行业的开放、流动，搞活经济。"柔远人"，就是与各国搞好外交。"怀诸侯"，类似现在的政府处理好中央和地方省、市的关系，联合国处理好与世界各国的关系。

实行"九经"的根源在于修身。有了修身，才能确立自身的正道，才有"尊贤""亲亲""敬大臣""体群臣""子庶民""来百工""柔远人""怀诸侯"这八项为人处世的诚恳态度。以这样诚恳的态度为政，就会"不惑""不怨""不眩""报礼重""劝""归之""畏之"地对待人和事。这样修身而行"九经"，符合人的天性。正如《孟子·离娄下》中所说："爱人者，人恒爱之；敬人者，人恒敬之。"（当然，也有少数例外，但基本的人性是这样。）因此，所谓"治人"，其实不是居高临下地统治人、管制人，而是关心人、尊敬人，处理好人与人之间的关系，公正、和谐地为民众服务。联系这一章第二节，通过"好学""力行""知耻"，就接近了智、仁、勇的美德；有了智、仁、勇的美德，就可以修身；懂得了修身，由己及人，就能"治人"；懂得了"治人"的"九经"，就能治理好天下国家，为万世开太平。

第四节

"齐明盛服，非礼不动，所以修身也；去谗远色，贱货而贵德，所以劝贤也；尊其位，重其禄，同其好恶，所以劝亲亲也；官盛任使，所以劝大臣也；忠信重禄，所以劝士也；时使薄敛，所以劝百姓也；日省月试，既禀称事，所以劝百工也；送往迎来，嘉善而矜不能，所以柔远人也；继绝世，举废国，治乱持危，朝聘以时，厚往而薄来，所以怀诸侯也。"

文意解读

这一章第三节表达"为天下国家有九经"的价值。这一节从实践的角度谈"九经"的行为，也就是现在理论与实践相结合的人生价值。

联系这一章第三节，本节孔子从具体的行为说明君子为政实施"九经"的方式。"九经"的起点、基础是修身，怎么做呢？"劝贤""劝亲亲""劝大臣""劝士""劝百姓""劝百工""柔远人""怀诸侯"，也就是"治人"怎么做呢？

斋戒沐浴清洁而衣冠整齐，不符合礼仪的事坚决不做，这就是修身的方式；不说别人的坏话，远离女色，轻视财物而崇尚德行，如此就可以鼓励贤者；尊重亲人的爵位，重视亲人的俸禄，认同亲人的所好、所恶，就是促进人们关爱亲人的行为、态度；为大臣设置属官，足以能够使用，这是鼓励大臣的方式；忠诚信任而加重俸禄，这是鼓励士大夫的方式；适时使用而减轻赋税，这样做就可以鼓励百姓；每天观察，每月考核，官方供给的粮食符合职位，这是鼓励各种工匠的行为；往者送之，来者迎之，赞美行善者并同情能力不足者，这是优待远方来的人的方式；延续已中断的家族，振兴将灭亡的国家，平定乱事并稳定危局，定期接受诸侯的朝见和聘问，赏赐丰厚而接受简单的贡品，这是安抚诸侯的行为方式。

思考悟道："修道"而修身，明道而行道；真正行道，方可天下"达道"、"治天下国家"

修身是"修道之谓教"的具体行为。这一章第一节里孔子说"修身以道""故君子不可以不修身"，说明修身的原则、价值。为政者以天地之道、人伦之道修养身心。这一章第二节孔子说："知斯三者，则知所以修身。""三者"指智、仁、勇，这是讲修身的途径。修身就是遵循智、仁、勇这三种品德，培养为人处世的能力。这一章第三节孔子谈"为天下国家有九经"的起点和基础在于修身。这一节孔子谈以什么行为修身。从整体性来看，孔子认为君子之道的关键在修身而明道，走上正道。《大学》开篇说："自天子以至于庶人，壹是皆以修身为本。"修身，是人类一切事业的起点、根基。"修身则道立"，即修身了，天地之道、人伦之道这些治理天下国家的规律就确立起来了。

为政需要"修道"，明道而修身，说到做到最重要。人生在世，无非做事，当然离不开做人、做学问，但做人、做学问为的是把事情做好，只有把事情做好才能走上正道而生存得好。君子修身为的是行正道，也就是为政的具体行为。知、行是分不开的，但有时行更难，也就是《尚书》里说的"非知之艰，行之惟艰"。所以，这里孔子以遵礼作为修身的方式。礼，并非后世认为的形式主义。古代的礼，不仅是礼节、仪式，还是古代社会的法则、礼仪。孔子认为，"不知礼，无以立也"（《论语·尧曰》），"恭而无礼则劳，慎而无礼则葸，勇而无礼则乱，直而无礼则绞"（《论语·泰伯》）。孔子遵礼是怎么修身的呢？他崇拜周礼并有自己的正确行为，比如，周朝拜见君主的礼仪是在堂下，到春秋时期很多人都到堂上，而孔子坚持在堂下，这就是孔子"非礼不动"的修身。以什么态度来对待别人呢？遇到穿丧服的人、穿礼服戴礼帽的人和盲人，即使是少年，孔子也会站起来；经过他们时，一定会小步快走以示恭敬，这是孔子修身的为人之道。

孔子自己"修道"、修身和教诲弟子修身，既重视文化、知识，又注重行为、实践。"子贡问君子"，孔子说"先行其言而后从之"（《论语·为政》）。君子应该是一个有行动的人，而不是只言说而不行动。品德好的人，不是挂上"君子"的名号，而是先行动起来，把事情做好。你的主张、意见等都是跟随行动的，而不是先夸夸其谈地说很多，再做，甚至说了很多并没有行动。君子的修身，孔子多次讲到"慎言"而努力做事。"子曰：'君子欲讷于言而敏于行。'"（《论语·里仁》）"子曰：'君子食无求饱，居无求安，敏于事而慎于言，就有道而正焉，可谓好学也已。'"（《论语·学而》）"子曰：'君子耻其言而过其行。'"（《论语·宪问》）孔子并不是让人不说话、少说话，而是提醒人要言行一致，说到做到，不至于言而无信。孔子言行一致的修身理念，到了明朝著名哲学家、政治家王阳明那里，就是知行合一的修身思想；到了明末清初传承孔子教育思想的教育家颜元那里，就是注重实践说出自己的思想——"心中醒，口中说，纸上作，不从身上习过，皆无用也"（《存学编》）。心中想明白，说在嘴上，写在纸上，但不去亲身实践，对自己是没有一点好处的。

"非礼不动"的行为怎么就可以修身呢？这里的礼，就是做人的道理、规则。为什么要讲礼？遵礼就是为人处世之道的行为表现。不符合礼的事坚决不做，就是遵守规则而守道，也就是修身养性而不违规。"非礼不动"，孔子还提到具体的做法——"非礼勿视，非礼勿听，非礼勿言，非礼勿动"（《论语·颜渊》）。当然，礼仪、礼节随着时代的变化而变化，但是做人的基本道理不可变。"非礼不动，所以修身也。"人一定要遵守做人、做事的准则。对自己的思想、自己的语言、自己的行为进行严格管控，调整、优化自己，才能修养好身心。比如，现在的喝酒不开车就是"非礼不动"。如果有酒后开车的行为，那就是修身不到位。这是孔子从守礼的行为来谈怎么做到第三节"为天下国家有九经"的根基的修身纲领，接下去的八条怎么做能恰当呢？

第一，不说别人的坏话，远离女色，轻视财物而注重德行，这就是

"尊贤也";第二,尊重亲人的爵位,给亲人以丰厚的俸禄,认同亲人的所好、所恶,这就是"亲亲也";第三,为大臣设置属官,足以能够使用,这就是"敬大臣也";第四,信任群臣而加重俸禄,这就是"体群臣也";第五,适时使用而减轻赋税,这就是"子庶民也";第六,每天观察,每月考核,官方供给的粮食符合职位,这就是"来百工也";第七,往者送之,来者迎之,赞美行善者并同情能力不足者,这就是"柔远人也";第八,延续已中断的家族,振兴将灭亡的国家,平定乱事并稳定危局,定期接受诸侯的朝见和聘问,赏赐丰厚而接受简单的贡品,这就是"怀诸侯也"。

尽管两千多年过去了,这八条修身的行为策略有些还在现代社会沿用。比如,多劳多得,优劳优酬,减轻农民负担,重奖有功之臣,等等。因为古今人心相通、人性相同,所以不仅天下国家之道相通,甚至具体的策略、方法都有相似之处。为政的行为即待人的行为,"知所以治人,则知所以治天下国家矣"。

第五节

"凡为天下国家有九经,所以行之者一也。凡事豫则立,不豫则废。言前定则不跲,事前定则不困,行前定则不疚,道前定则不穷。"

文意解读

这一节照应这一章第三节的"九经",孔子说明实行"九经"的统一策略。从表达方式的角度来看,这一节可以连接在这一章第三节的后面。自己修身而落实为政的"九经"需要什么样统一的策略呢?

凡是治理天下国家需要实行九条纲领,但实行这些纲领的策略是一致的。怎么实行呢?凡做事,事先有所准备就可以办成,事先毫无准备就会失败。说话之前有了预备的方案,就不会不顺畅;做事之前有了预备的方案,就不会遭受困窘;修养德行之前事先有主张,就不会后悔;走路之前确定了方向,就不会走投无路。

思考悟道:行道的普遍性策略——"凡事豫则立"

"凡事豫则立"是实行"九经"的统一策略,与《大学》开篇的"物有本末，事有终始。知所先后，则近道矣"相通。人事先有了追求的理想，做事有了终极的目标，预先准备，则事有所成。"凡事豫则立"，这条古训流传至今，常常被人们引用，并作为做事的座右铭。这是一条认识论、实践论的原则。从认识论的角度来说，"豫"不仅有准备的含义，而且有谋划的含义。要做好一件事，首先要对这件事进行研究，将这件事认识清楚。毛泽东说，没有调查就没有发言权。调查就是事先认识事物，弄清事物的本质、来龙去脉等，就是为把事情做好而"豫"。从实践论的角度来说，做一件事之前，在时间上、组织上、物质上、心理上等诸多方面都有一个准备阶段。准备充分了，事情成功的可能性就越大。对自己整体的人生目标应该要心里有数，如果没有预设的目标，就可能给自己惹来麻烦，让自己陷入困境。所以，"凡事豫则立"是实践"九经"的正道，是实现人生价值的根本途径。

做事情预先准备，效果会怎样呢？说话之前事先有了准备，就不会言不达意，表达不畅。这一点，教育工作者应该有亲身的体验。当我们把课堂的教学内容、方法和交流的语言、所要提的问题等，预先思考得比较充分，课堂教学就会比较顺畅，学生的学习效果也会比较好。

第六节

"在下位不获乎上，民不可得而治矣；获乎上有道，不信乎朋友，不获乎上矣；信乎朋友有道，不顺乎亲，不信乎朋友矣；顺乎亲有道，反诸身不诚，不顺乎亲矣；诚身有道，不明乎善，不诚乎身矣。"

文意解读

君子为政之道的"九经"怎样去真正落实呢？根本在与人相处。能与人友好相处，在于心诚、心善。孔子接着说——

处在下位没有得到上位者的信任、支持，不可能治理好民众；得到上位者信任、支持是有方法的，如果不被朋友信任，就不能获得上位者的支持；被朋友信任是有方法的，如果不能使父母称心，就不能被朋友信任；使父母称心是有方法的，反省自身却不够真诚，就不能使父母称心；真心诚意是有方法的，不明白什么是善良，就不能真诚于自身。

思考悟道：修身之道——心善则心诚，心诚则讲信用

这一节由为政之道引入"诚"的修身价值，讲"诚"在与人相处和治理民众方面的价值。"诚"的前提是"明乎善"，即明白什么是善，如何为善。知道了与人为善，就会自然地有诚恳之心；有了诚恳之心，就会让父母称心；有了孝敬父母之心，就会得到朋友的信任；得到朋友的信任，就会获得上位者的信任；获得上位者的信任，就可以治理好民众了。也许，这样的链条不一定完全符合历史和生活的逻辑，但这里由近而远地讲人与人之间相处的关系应建立在"诚"和"信"的基础上，是有价值的。这一点，对我们现在的社会管理还是有启示作用。

从"凡事豫则立"来看，"信"是修身的准备和基础行为，是为政、做人最基本的原则，一定要事先"信乎朋友"，管理者才会器重你，对你委以重任。在孔子看来，为人处世"信"的行为很重要。他说，"人而无信，不知其可也"（《论语·为政》），"民无信不立"（《论语·颜渊》），"道千乘之国，敬事而信"（《论语·学而》）。"诚"是与人相处的情感，顺从父母关键在情感上。心不真诚，虚情假意地对待父母或他人，怎么能孝敬父母或安抚他人呢？有了真诚才会相互信任。善是与人相处的心理，有了善良的心态，才能真诚与家人、他人相处好。对个人而言，善意味着公正公平、温和友好的中庸之道，有这样的心理，让人感觉舒服，生活环境安静祥和；对家庭而言，善是美好家庭氛围的基础，有了这样的基础，家庭生活就幸福，家庭教育也容易成功；对社会而言，人人向善，人人有诚信，彼此就能和睦相处，也就是天下太平的基础。所以，修身践行"九经"之正道，离不开心善、心诚，心诚则会守信。这一节的三个关键字"善""诚""信"，是儒家德行准则的具体行为和态度。人心无善、无诚、无信，怎么能做好人、做好事呢？为政者无善良、真诚、信用之心，怎么能实践"九经"管理好天下国家呢？人"修道"、守道、行道的根基，在于真诚、善良的心理。

第七节

"诚者，天之道也；诚之者，人之道也。诚者，不勉而中，不思而得，从容中道，圣人也；诚之者，择善而固执之者也。博学之，审问之，慎思之，明辨之，笃行之。有弗学，学之弗能，弗措也；有弗问，问之弗知，弗措也；有弗思，思之弗得，弗措也；有弗辨，辨之弗明，弗措也；有弗行，行之弗笃，弗措也。人一能之，己百之；人十能之，己千之。果能此道矣，虽愚必明，虽柔必强。"

文意解读

联系这一章第六节的"诚"，这一节孔子阐释先天"诚"的圣人和后天"诚"的人，以及人的后天"诚"如何"修道"。接下来《中庸》第四部分的五章，接着孔子的"诚"，作者子思深度探究，具体说明"诚"。怎样能成为"诚者"呢？

真诚，是上天的运作模式、规律；让自己真诚，是为人的正确途径。天生真诚的人，不努力就能适合道义，没有思考就获得善意，行为举止符合正道，这就是圣人啊；要让自己达到真诚的人，就必须选择至善的道德并能坚持执行达到真诚之境的人。没有真诚的天性，如何让自己诚心诚意而善良呢？需要学、问、思、辨、行——广泛学习"诚"，详细询问"诚"，谨慎思考"诚"，清晰分辨"诚"，切实实践"诚"。不学习则已，如果学习了而暂时未有能力做到也不放弃；不探究则已，如果探究了而暂时不理解也不放弃；不思考则已，如果思考了而暂时没有得到收获也不放弃；不分辨则已，如果分辨了而暂时不明白也不放弃；不实践则已，如果实践了而暂时未能切合实际也不放弃。（为什么呢？因为"修道"、明道需要锲而不舍而非半途而废。每个人学、问、思、辨、行而"修道"、明道的方式不一样。）有人一次就能做到，自己就算一百次也要努力做到；有人十次能做到，自己就算一千次也要努力做到。如果真的能以这种途径实践，那么愚笨的人也一定变得明智，柔弱的人也一定变得刚强。

思考悟道："诚之者""择善"的修身、学习方式：学、问、思、辨、行

这一章的最后由君子的为政之道引入"诚"的话题，讲"诚"与修身的关系，"诚"与治天下国家的关系。这里的"诚"与《大学》中的"诚其意"相

呼应，"意诚而后心正；心正而后身修"。"诚"，在人的内心是一种态度，发乎外就是一种修养和品行。唯有内心的"诚"方可达到做人、做事、做学问的高境界，方可达到修身的高境界。对外的交友、治天下国家，亦与"诚"分不开。"诚"是为人之正道，在中国古代既是个人修身的要求，也是政治智慧的要求。

这一节继续阐释修身的"诚"。"诚"，修身的最高境界。"诚"，孔子分两个层次来解释——天"诚"，人"诚"。天"诚"，即天之道，也就是天命；人"诚"，即人之正道，也就是"修道"恰到好处。天之道"诚"，大自然不虚伪。对人而言，真诚就是遵循人的本性而不虚伪。万事万物，包括我们的客观世界和我们的主观世界，都源于"诚"，这就是天之道。自然之道，就是那么真真切切、实实在在地显露出来。水之流动，云之飘飞，雨之骤至，花之绽放，鱼游鸟飞，兽走虫挪，等等。大自然就是这样真真切切地把自己显示出来。这就是"诚者，天之道也"。天"诚"，没有伪装，没有巧饰，一切顺其自然。为了人的生存，让这样的"诚"显露出来，不去破坏，不去违背，不去强求，顺应自然之道而生存，就是人"诚"。圣人遵循自然之道，不有意努力而符合，不刻意思虑而获得，从容不迫符合规律，这就是老庄哲学"无为而治"的为政高度。

人道之"诚"离不开修身，除了遵循自然之道，还有选择的功夫，为人处世，选择善而坚定地守住。如何修身而"择善"呢？联系前面君子之道的重点话题"修身"，在这一章的最后孔子谈如何通过"学"而修身。"修道之谓教"，"修道"具体就是修身，通过学习、研究加强自身的修养，不断提升自己的知识、技能和做人、做事的品德。教，除了需要政府部门、他人的教育、教化，也需要自我学习、自我教育。怎样"修道"、修身呢？学习的方法、策略就是"博学之，审问之，慎思之，明辨之，笃行之"。

修身如何"择善"，"博学之，审问之，慎思之，明辨之，笃行之"，就是认识、实践的途径。对于善，先去广泛地知道有哪些善；知道的这些善，到底是不是善，还要去审视、慎思、明辨；通过审视、慎思、明辨，确定了的善，就要切实地去履行。这样的学、问、思、辨、行，都要有固执的态度。这里的固执，显然不是现代汉语词语"固执"的意思，

"固"是坚持的态度，"执"是执行的行为。如何坚持执行呢？靠的是坚持不懈、锲而不舍的精神，不达目的不放弃——弗能弗措，弗知弗措，弗得弗措，弗明弗措，弗笃弗措。还需要加倍努力，用百倍于别人、千倍于别人的努力，"驽马十驾，功在不舍"（《劝学》）。如果能按照这样的方法，遵循这样的道理，修身的学习就会达到"虽愚必明，虽柔必强"的境界。

"博学之，审问之，慎思之，明辨之，笃行之。"不仅是为了修身，还具有普遍性的学习价值。在孔子看来，学习具有普遍性。他的人生观是"学"而"第一"。学习是人类的第一特征，学习是人生的第一要务。这里孔子讲的"博学"是学圣人之道，学天道、人道。现在的"博学之"侧重知识、技艺，但博学不仅是知识。博学离不开知识，但不等于知识。博学是提升人们智慧、修养的必要环节。它需要知识，但它不受知识所局限和拖累。博学是学习、修身的第一前提。博学离不开"审问之"，面对自己所学习的东西，需要详细地询问、探究，向老师、贤人等提问、学习，反复地追问、探究，对知识、道理的理解更清晰。审问离不开"慎思之"，谨慎思考，讲究思维的严密性、规律性，不是为了自己的妄想而胡思乱想，也就是孔子说的学习离不开思考——"学而不思则罔"（《论语·学而》）。慎思离不开"明辨之"，来自印度的佛学，中国古代有辩经、辩论，思考时头脑里要有清楚的头绪，面对客观事物、精神世界，分辨清楚里面的逻辑关系，使前面学、问、思的结论清清楚楚。学、问、思、辨为的是"笃行之"，切实把事情做好，这样的学习、修身才真正到位。博学、审问、慎思、明辨都是学习的方式，都在实行之中，不是最后的"笃行"才是实行。笃行是切实地实践。实践是检验真理的唯一标准，所以，笃行其实也是广义的学习方式。"笃行之"，实际上也包含了博学、审问、慎思和明辨。从这个角度来说，学、行是不分的，是知行一体的。知，就是行；行，就是知。有些事情是先知而后行，有些事情可能先行而后知，有些事情可能知行同步。孔子的学习思想就是知行合一，他说"学而时习之"（《论语·学而》），习，就是练习、实践的行为。学、问、思、辨、行融为一体，以知行合一的方式学习，"修道"、修身就更到位了。

第四部分 "至诚之道"

　　《中庸》第三部分的话题是君子的为政之道，其中第三部分最后一章（第二十章）内容丰富，是孔子应答鲁哀公问政，阐释君子的为政之正道。在孔子看来，君子为政之正道的关键在于"修道"、修身，"修道"、修身而走上正道的根基在于"至诚"而"择善"。中庸、"中和"、"用中"之道，离不开"至诚之道"，就像《中庸》第二部分第六章"用其中于民"的舜，他很真诚，喜欢向人询问又喜欢考察百姓浅近的话语，隐藏邪恶，宣扬善良，这是多么地心诚意正。"诚"是中庸之道的关键。前面孔子说的为政的"五达道""三行者""九经"，关键就在于"诚"，把握了"诚"，所有需要做到的常规、纲领和方法都能够正确实行，具体落实。唯有心诚，才能走上"率性之谓道，修道之谓教"的中庸之道。《大学》开篇讲明德、治国、齐家、修身、正心，也归结为需要"诚其意"；格物、致知为的是"诚其意"。由格物、致知而达到的"诚"，就是《中庸》第四部分第二十一章的"自明诚"。其意"至诚"了，而后就心正、身修、家齐、国治、天下平了。个体、群体生存得好，为政、为人的修身、齐家、治国、平天下存乎一心，一心之意在乎诚。心意诚，大学之道、中庸之道就是人为人处世的全部精髓之所在。

　　《中庸》第四部分的五章，作者子思深度探究，从生活哲学的角度具体说明孔子为人处世的"诚"。

第二十一章 由"诚"而明善

　　自诚明，谓之性；自明诚，谓之教。诚则明矣，明则诚矣。

文意解读

这里的"自"，在文言文中解释为"由，由于"。朱熹也解释为"由"。古代汉语的"自"还有自己、亲自、自然的含义。从文本语境的角度来理解，"自诚明""自明诚"这两个"自"的含义可以理解为不一样。"自诚明"而"谓之性"，作为本性的诚，这里的"自"可以理解为自然本性；"自明诚"而"谓之教"，受教化后的"诚"，这里的"自"可以理解为自己（受教育）。笔者这样解释"自"的含义，仅供读者参考。这一章文本的含义是——

自然本性真诚就能贤明，称为天性；自己贤明了而后真诚，是由于受教育、教化（自我教育或受人教育）。（天性）真诚就是明道、贤明的人，（受教育）成为明道、贤明的人就会做到真诚。

这是作者子思从天性和受教育，也就是从《中庸》开宗明义的"率性之谓道，修道之谓教"的"率性""修道"的角度，阐释"诚"与"明"的关系。

思考悟道：自然真诚，"率性"之正道；修身明诚，离不开教

这一章短短几句话，独立成章，尽管非常简单，但是与《中庸》开头的"天命之谓性，率性之谓道，修道之谓教"形成呼应。第二十章的第七节中说"诚者，天之道也"，所以"自诚明，谓之性"，由内心真诚的情感而自然明白事理，具有才德，就是人的天性。"天命之谓性"，人的天性中有真诚，这个真诚有情感方面的，也有认知方面的。人能把自己天性中真诚的情感、认知引发出来，也就是"率性"而行正道，心智就是敞亮的、澄明的。

但不是所有人都能"率性"而行正道，不少人需要"修道"（自省、自修或受教育）而行正道。为什么"自明诚，谓之教"？这个"明"与前面的"明"不一样，这个"明"是圣贤之教或自教而后明，不是由天性之诚而自明。通过古代圣贤的垂范，回归于诚，通过"修道"之"教"使自己变成一个真正意义上的人，有道德、有智慧的人。所以，从明白道理而回归内心的真诚，是教化而行人之正道的结果。当人内心的真诚被遮蔽了，就需要外在的教育，当然也离不开自我教育，从理性上明白道理，回归人性本来的真诚，即"修道之谓教"。比如，当人知道了动物同样有生命的需要、情感的需要时，明白了人和动物是相互依存时，人的恻隐之心就会被唤醒，就会用生命本性中的诚去善待动物，而不是过度伤害动物。

德国教育家第斯多惠说："教育艺术的本质不在于传授本领，而在于激励、唤醒和鼓舞。"（《德国教师培养指南》）这种唤醒，大概可以唤醒人的真诚的本性。"自诚明""自明诚"，也许就是"知"与"情"的相互作用和统一。当人性中先天内在的真诚和人类社会后天的外在知识融为一体时，"诚"与"明"就合二为一了，所谓"诚则明矣，明则诚矣"。在与学生或者成人相处时，我们应该重视人内心本来的"诚"，而少一些自己主观的判断、建议和说教。美国儿童心理学家海姆·G.吉诺特认为与孩子有效沟通，要尊重、关心和理解孩子。他在自己的专著《孩子，把你的手给我》中说："要用关心的交流取代批评、说教和意见，用人与人之间的理解去给予孩子慰藉，帮助他们康复。"这里的关心、理解，是用自己的"诚"指向孩子内心的"诚"；通过这样的"诚"，让孩子自己去"明"。其实，在交流中，在理解中，也包含了"明"，由"明"引导孩子感受自己内心真诚的情感。因此，中国古代"诚"与"明"的关系，就是现代情感与理智的关系。

君子的为政之道，人生存的为人处世，都离不开"诚"。人"自明诚"了，才能走向公正、公平、和谐的中庸之道，才能走向人生正道。"自明诚"，离不开修身、"修道"之教。

第二十二章 "至诚"的"率性"之道——"至诚"则天、地、人三合一

唯天下至诚，为能尽其性；能尽其性，则能尽人之性；能尽人之性，则能尽物之性；能尽物之性，则可以赞天地之化育；可以赞天地之化育，则可以与天地参矣。

文意解读

人自然真诚而明道或者明道后而真诚，"诚则明矣，明则诚矣"，其价值在哪里呢？

真诚达到了顶点的人，就能够充分发挥自己的本性；能够充分发挥自己

本性的人，就能够充分发挥众人的本性；能够充分发挥众人的本性，就能够充分发挥万物的本性；能够充分发挥万物的本性，就能够辅助天、地造化养育万物；能够辅助天、地造化养育万物，就能够与天、地并列为三了。

思考悟道："至诚"，则天道、人道融合，天人合一

紧接第二十一章，这一章继续阐释"诚"与"性"，说明本性"诚"的价值。因为本性"诚"的充分发挥，天、地、人三者合一。这里"诚"与"性"的价值，又离不开《中庸》开篇的"天命之谓性，率性之谓道"。"诚"即自然万物的本性。物的本性真正"率性"显现出来就是"诚"，"诚者，天之道也"。

这里的"性"是全方面的，既有自然性，也有社会性，还有精神性。"尽其性"，涉及各行各业，我们需要在自己的职业范围、自己的能力半径内把自己应当做的事做好。"尽人之性"，我们不能忽略"至诚之道"。如果人没有了职业道德，还有什么"诚"？没有了诚信，人能够把自己岗位上的事情做好吗？充分发挥人的"诚"，才能发挥万物的本性，使自然的存在、社会的存在、精神的存在，自然真诚地存在。所以"尽人之性""尽物之性"，不能离开《中庸》第四部分话题的主旨"诚"。联系君子之道的品德，"诚"的内涵推演开来，仁、义、礼、智、信的品德都在"诚"里面了，温、良、恭、俭、让的品德也都在"诚"里面了。"尽其性""尽人之性""尽物之性""率性"都离不开"诚"，也离不开仁、义、礼、智、信、温、良、恭、俭、让。我们如何才能进入最佳的工作状态？人首先要诚、敬。诚，真诚面对天道、人道；敬，敬职，敬业，敬责，敬心，敬性，敬道。

当人偏离了"诚"，人的本性就会扭曲，所谓利令智昏。比如，毒奶粉事件就是人偏离"诚"的案例，企业对待人没有诚心，只为了赚钱，产品质量低劣。人的本性中有怜悯、同情之"诚"，人的社会性中也是以"诚"为本。因为利益的驱使，人丢失了"诚"，进而丢失了人"至诚"的本性。"天命之谓性，率性之谓道。"这一章说的"尽其性""尽人之性""尽物之性"，就是"率性"。这里的"率性"与现在有些青年人认为的任性是不同的。"率性"是顺着天赋予我们生命的本性，顺着天然的造化规则。这样的"率性"

符合天道、人道，里面包含"致中和"的"诚"——"喜怒哀乐之未发，谓之中；发而皆中节，谓之和"，而不是顺着自己的欲望随波逐流。当然，人有特殊情况，在"率性"的基础上还需要"修道"，人之外的大自然只需要"率性"不需要"修道"。

如果"能尽人之性""能尽物之性"，符合天、地正道，也就是心诚的"致中和"，则可以辅助天、地造化养育万物，也就是《中庸》开篇说的"天地位焉，万物育焉"。《中庸》里这种生活哲学，内涵丰富的认识论与《老子》的哲学是相通的。《道德经·第四十二章》中说："道生一，一生二，二生三，三生万物。万物负阴而抱阳，冲气以为和。"万物的生发，是天、地间阴气、阳气、和气相互作用的结果。和气是阴气、阳气交互而成的。阴阳二气即天地之性、物之性。阴阳二气交互冲荡，就是"尽物之性"。因此，在认识论上，儒家和道家都是自然观："人法地，地法天，天法道，道法自然。"（《道德经·第二十五章》）"法自然"就是"尽性"，"尽人之性""尽物之性"。现在提倡人与人的和谐、人与自然的和谐、人内心的和谐，其实就是"尽性""率性"，尊重自然规律而不违道，减少人的胡作非为。现在出现的生存问题、生态问题，都是人干涉了"尽物之性"造成的。人的生存离得开天地，离得开花草树木、鸟兽虫鱼吗？人要与天、地并生共存，和谐共处，就要"尽物之性"，辅助天、地造化养育万物，而不是片面地以人为本，妨碍物之"尽性"。当人失去了"至诚"，违背了天性，灾难就会降临。

孟子说："尽其心者，知其性也。知其性，则知天矣。存其心，养其性，所以事天也。"（《孟子·尽心上》）"尽其心"，就是诚心；"知其性"，就是"自诚明，谓之性"。"存其心，养其性"才可以做好天下的事。上有天，下有地，中间是人和万物。天长地久，我们希望人也能长久。人怎么长久呢？就要合天之道，合地之道，与天、地和谐相处，"则可以与天地参矣"。用当下的话来说，就是与大自然和平共处，天人合一，不能让人的贪欲毁掉天、地。习近平总书记在中国共产党第二十次全国代表大会上的报告中指出："中国式现代化是人与自然和谐共生的现代化。"尊重大自然、顺应大自然、保护大自然，是我国全面建设社会主义现代化国家的内在要求。

第二十三章　诚道之序——普通人坚持诚道，也可以提升到"至诚"的境界

其次致曲，曲能有诚。诚则形，形则著，著则明，明则动，动则变，变则化。唯天下至诚为能化。

文意解读

第二十一章、第二十二章从全面治理天下的角度谈"诚"。这一章从普通人现实生活的具体操作层面说明为人真诚步骤的提升，最终可以达到"至诚"。有诚心就可以日新月异。怎样不断提升呢？

比为政的圣人、君子次一等的普通人，虽致力于局部或细小的事，但也可能产生真诚的心态。真诚到一定程度就会在为人处世中自然地表现出来，不断表现诚意就更加显露出来，持续显露到一定程度，诚意就更加高明，持续高明到一定程度，诚意就能感动他人，持续感动他人到一定程度，诚意就能引起他人的转变，持续引起他人转变到一定程度，诚意就能感化他人而转变人心、风俗。次一等的普通人，由于锲而不舍，真诚达到了极点，就认为也能够感化、教化众人。

"唯"的古义有由于的含义，这里解释为由于，与前面诚意不断提升的层次相通。

思考悟道：江山就是人民，人民就是江山，"至诚"也离不开人民

天下的发展仅仅依靠君主、为政者吗？人民是社会发展的基础，人民是社会发展的动力，一切发展要依靠人民。中国共产党能够建立中华人民共和国并不断发展，就是因为依靠人民。马克思主义认为，社会存在的基本要素是人民，人民直接推动着社会的发展。所以，这一章说明，次一等的做局部或细小事情的普通人有诚意，也可以成为"至诚"者，能够影响、教化众人。比如，一位年轻的理发师，专业意识强，理发水平高，自己创办了理发店。他真诚、热情地对待所有来理发的人，因此，所有第一次来理发的人，后来都一直去他的理发店理发。

为什么说"曲能有诚"？如果我们在自己的工作岗位上尽心、尽力、尽责地把事情做好，这里面就有"诚"。"曲能有诚"即使是在局部或细小的事情上致力于真诚，也具有普遍性价值。"诚则明矣"，真诚的价值在于明理、明道、明心和明善。某一方面能够真诚，这样的真诚显露出来，可以逐渐扩大，达到"至诚"，以感化、影响、改变他人，辅助天、地造化养育万物。这就是普通人"至诚"价值的实践路径。孔子在鲁国只做了五年的官，他为什么对天下有教化的影响呢？有人遗憾孔子没有做官而影响社会，对孔子说："老师您为什么不从政？"孔子回答："《尚书》说：'孝敬父母，友爱兄弟，可以影响治理国事。'这也是从政了，为什么一定要做官才算从政呢？"意思是，人们在家里真诚地做人、做事，也能对社会有影响，不一定要做官才能教化天下。"至诚"首先是自化的过程，然后才可以感化、教化他人。这就是"曲能有诚"的价值。

人有先天之"诚"。有些人的先天之"诚"，自然形于外，感化他人，造化养育万物；有些人的先天之"诚"蔽于内，由某一件事情或从某个时候开始达到了"诚"。"曲能有诚"，这个局部的"诚"由形而著而明而动而变而化的持之以恒"自明诚"，也达到"至诚"。"周处自新"的寓言故事，表达的大概就是这个意思。这也照应了《中庸》第二十一章的"自明诚，谓之教"。普通人，都是通过教育或环境的影响，达到"诚"的境界，当然也离不开自我教育、自我修身。

第二十四章 "至诚之道"，预知国家的兴亡祸福

至诚之道，可以前知。国家将兴，必有祯祥；国家将亡，必有妖孽。见乎蓍龟，动乎四体。祸福将至，善，必先知之；不善，必先知之。故至诚如神。

文意解读

这一章把具有"至诚之道"的人比喻为神，可以预先知道国家的未来，说明"诚"是人类社会崇高的价值。"至诚"之人可以预先知道国家的什么呢？

抵达了真诚的途径，可以认为能预先知道未来。国家将要兴盛时，一定会有祥瑞的预兆；国家将要衰亡时，一定会有反常怪异的现象和灾祸。（国家将兴、将亡）显示在蓍草与龟甲的占卜中，行动表现在人的行为举止上。灾祸与福祉将要来临时，是好的福祉，一定可以预先知道；是不好的灾祸，一定可以预先知道。所以，达到真诚状态的人，简直像神一样（可以预先知道国家的未来）。

思考悟道：真心诚意的人，了解、感受到世界的一切现象

因为心诚则灵，所以"至诚之道，可以前知"。毛泽东在《实践论》里说："秀才不出门，能知天下事。"这句话最早的出处是《道德经·第四十七章》——"不出于户，以知天下；不窥于牖，以知天道。其出弥远者，其知弥鲜。是以圣人不行而知，不见而名，弗为而成"。老子认为，单纯凭借经验认识事物，难以深入事物的内部，认识事物的本质；想要正确认识事物就要靠内在的感悟，下功夫自我修身，内心纯净，真诚敦厚，认真体悟，就可以领悟天道，观照外物，也就"可以前知"。比如，诸葛亮高卧隆中，却可以预见天下三分，他凭什么预先知道呢？他有"至诚之道"，虽然不出去，却"可以前知"，当时天下多少事，都付笑谈中。老子说的"不行""不见""弗为"，就是不去了解实际、不实践吗？老子这样说，并不是没有观察、了解现实，而是内心已经有了现实的背景不需要过度地看表象，可以真心诚意地深入思考、高度探究，判断人生存的未来。预见需要"诚"，也需要察看、了解现实，有了"诚"对现实的认识和判断就会更加到位。像诸葛亮这样不出去能预见天下形势，是事先有客观现实背景的，而不是完全不了解现实情况，这就更具有真心诚意海纳百川的思维性。

"国家将兴，必有祯祥；国家将亡，必有妖孽"是真诚的人可以预见的现象。"祯祥"是社会上祥瑞的事情、现象。"妖孽"是社会上反常、邪恶的事情、现象。为了国家的兴盛，为政者诚实地到各个地方去视察情况，看是否山清水秀；看田里的庄稼是茂盛还是荒芜，市镇上民众是安居乐业还是民不聊生；学校是书声琅琅还是没有人在学习；到监狱去了解社会违法情况，是人满为患还是人少。察看这些真实的情况，既可以了解一

个地方为政者治理的状态，又可以预见未来的发展。山清水秀，五谷丰
登，民众安居乐业，就可以预先知道民心、民气的"祯祥"；民众没有安
全感，百业凋零，监狱里人满为患，社会上没有朝气，就可以预先知道社
会发展的"妖孽"。国家的兴亡，从"祯祥""妖孽"的诚不诚之道就可以
"前知"。

预见国家的未来，古人注重蓍草与龟甲的占卜，也表现在为政者、社
会人的"四体"（行为举止）上。因为内心真诚，所以人类社会未来的祸
福都可以预先知道。国家的祸福有天道之现象，也有人道之行为。天灾
如果加上人祸，会带来更大的灾难。而人祸的根源，往往是不诚。人道
真诚而遵循天道，以科学规律适应天道，生存就可以善而避免不善。因
此，拨开心诚则灵这层神秘的面纱，我们得到的启示是：思想精神达到
"至诚"的境界，以实事求是的态度而不被私心杂念所迷惑去处理事情，就
能洞悉世间万物、人、事的规律，预知未来。也可以说，主观的真诚是
达到客观真实的前提；而有了真实的客观态度，才能真切地把握和预见
国家的未来。

第二十五章　诚者，自道——君子之道"诚之为贵"，诚而自成且成万物

诚者，自成也；而道，自道也。诚者，物之终始，不诚无物。是故君
子诚之为贵。诚者，非自成己而已也，所以成物也。成己，仁也；成物，
知也。性之德也，合外内之道也。故时措之宜也。

文意解读

第二十一章至第二十四章都是谈"诚"的普遍性价值。这一章具体地谈
君子之道"诚"的价值。照应第二十章第七节的"诚之者，人之道也"。真
诚的君子治理天下有什么价值呢？

真诚的人是自我完善的，而从事的途径、规则是自己实行的。真诚是
万物（万物里包含众人）开始发展和发展到终结都不可缺少的，没有真诚
就没有事物的发展和存在。因此，君子真诚是珍贵的（为人、为政之道）。

真诚的人（为政的君子），不是自我完善而完结了（责任），而是用自己完善万物。完善自己，显示了仁德；成就万物，显示了明智。真诚是人性当中固有的品德，是融合外在的途径（成就万物）与内在的途径（完善自己）的规则。所以，真诚的君子时常实行、服务于万物才是理所当然的为人、为政。

思考悟道：在"诚"的基础上，人的完善关键在"自成"、自学

"诚者，自成也。"人生的发展，根源在于真诚而自我完善。诚者自成与辩证唯物主义的理论相通，内因起主导作用，外因起辅助作用。学校、家庭这样那样教育学生，真正完全教育好了吗？学生的眼、耳、鼻、舌、身、意，你能绝对掌控吗？学生必须自己学进去，否则知识就会不消化。"诚者，自成也"，一定要关注"自成"。"自成"非他成，不是说外因不起作用，外因也是发展不可缺少的条件、环境，但起关键作用的是"自成"。做教育，最成功的是培养学生自学的能力，启发、激励学生走上主动学习、自我发展的道路。当然，孩子的自我成长也离不开"自诚"，他们可能有自己天性的"诚"，也需要父母、老师启发他们"自明诚"。外因不可绝对化，孩子不愿做的事情逼着他去做，把孩子弄得压力很大。这样对孩子"自诚"、本性的不尊重。外在的他人教育有必要，但需要尊重每个孩子的个性。前面经常提到的《中庸》开篇的关键句"修道之谓教"的"教"，就包含自我教育。真诚的人是自己完善的，而从事的途径、规则是自己实行的，说明"修道"时自我教育的重要性。人的完善离不开他人的教化，离不开环境，但自我完善真正到位在于自身。

"诚者"要自我完善，成为本真的自己。不管这个自己是贵是贱、是智是愚等，都不怨天尤人。这就是《中庸》第十四章说的"君子素其位而行，不愿乎其外"，也就是遵循自然之道"自道也"。普通人"自成"，主要为了自己的生存，当然也需要关心他人，关注自然万物。为政的君子，除了"自成己"，还要"成物"。这里的物是指自己之外的人和物。"诚者"，不会因为私利、私心遮蔽自己真诚的心灵，除了完善自己，还能看到自己之外世界的始终。没有了真诚的心，眼中、心中就没有他物，只有自己。为政的君子以真诚的心接纳万物才是高贵的行为。所以，作为君子的"诚者"又一境界就是超越"诚者"而"自成"，达到"非自成己而已也，所以成物也"。君子完善自己不是为了享受，而是为了回报世界，回报众生。君子的德行，对内修己，对外以"成物"，即"合外内之道"，时常为他人做事，实现作为"诚者"的理想。这也是孟子倡导的"穷则独善其身，达则兼善天下"（《孟子·尽心上》）；孔子追求的"己欲立而立人，己欲达而达人"（《论语·雍也》），"君子成人之美"（《论语·颜渊》）。人在社会上生存，离不开他人，为政者治理社会，"成物"而关注他人很重要。

第五部分　天地之道，人间之道，圣人之道

《中庸》第四部分说明人的本性之"诚"或自己后天明白了"诚"的生存价值。大自然本身就"诚"，人以"诚"生存会更好。天道酬勤。从《中庸》"诚"的生活哲学思想来看，天道更酬诚。接着《中庸》第四部分的主旨"诚道"，第五部分以"诚"开头，从"至诚之道"阐明天地之道、圣人之道相通的天下大道。第二十六章第一节说明由"至诚"可以达到天地之道的价值，第二节具体说明天地之道，第三节由天地之道引入圣人文王之德。第二十七章到第三十三章，以周文王、周武王、尧、舜为示范，关联《中庸》第三部分君子的为政之道，在天地之道的基础上更深刻地阐明圣人之道、君子之道为天下服务的人间之道。从文本解读系统化思维来看，《中庸》的最后七章，说明人间的圣人之道、君子之道都离不开天地之道，阐明天地之道与人间之道、圣人之道的融合，也就照应开篇的"天命之谓性，率性之谓道，修道之谓教"。通过"修道"，天道和人道融为一体。怎样追求人生存的根本价值——"中和"、中庸呢？《中庸》前面的内容以"修道"为主要方式，人的生存需要管理、教化和自我教育、完善等而"至诚"；最后七章的内容以天命

与人道需要浑然一体为主，通过"修道"，追求天人合一，国泰民安。

从文本语言表达前后呼应的系统化角度来看，第五部分的内容照应《中庸》开篇的第一个字"天"——第二十六章第二节中有"天地之道"，第三节中有"维天之命"，第二十七章中有"发育万物，峻极于天"，第二十九章中有"建诸天地而不悖""知天也"，第三十章中有"上律天时""辟如天地之无不持载""此天地之所以为大也"，第三十一章中有"溥博如天""天之所覆，地之所载""故曰配天"，第三十二章中有"知天地之化育""浩浩其天""达天德者"，第三十三章中的最后一句话是"'上天之载，无声无臭。'至矣"。《中庸》的整体性很强，首尾呼应，系统化阐明天命、天性，天地之道是人道、人生存的根本。

哲学教授潘德荣所著的《西方诠释学史》里说，理解的开端是整体，它的终点是作为部分与整体的统一体之整体。在理解的过程中，部分与整体是相互作用的，任何部分的突破，无不影响着对整体的理解；反之，对整体的理解深化，必然形成一种新的境界，它将重新审视对一切部分的理解，并对部分与部分、部分与整体之间的关系作出相应的调整。在理解的过程中，部分与整体所完成的实际上是一个圆圈式的双向循环运动。

从部分与整体统一的角度细读《中庸》，可以提升我们整体性、系统化解读文本的能力，加深理解《中庸》里的哲学思维和中庸、"中和"、"用中"的核心思想。

第二十六章　真诚、自然的天地之道

第一节

故至诚无息。不息则久，久则征，征则悠远，悠远则博厚，博厚则高明。博厚，所以载物也；高明，所以覆物也；悠久，所以成物也。博厚配地，高明配天，悠久无疆。如此者，不见而章，不动而变，无为而成。

文意解读

第二十四章开头说"至诚之道，可以前知"。抵达了真诚的途径，可以认为能预先知道未来。这一章以"故至诚无息"开头,"至诚"是永不停止的,面向未来怎样企及天地之道呢?

所以,抵达了真诚是不会停止向前的。没有停止就会持续长久,持续长久就会产生效应,产生效应就会影响长远,影响长远就会广博深厚,广博深厚就会高大光明。广博深厚,是承载万物的原因;高大光明,是覆盖万物的原因;影响长远,是成就万物的原因。广博深厚可以与地配合,高大光明可以与天配合,影响长远可以永世长存。达到这样的境界,不表现就能彰显出来,不行动就能自然变化,无所作为就能成就万物。

思考悟道:人间之道需要敬仰天地

大自然"至诚"的外在表征是生生不息。天的高、明、覆物,地的博、厚、载物,天地的悠久,这一切都体现了大自然的"至诚无息"。也是孔子说的:"天何言哉?四时行焉,百物生焉。"(《论语·阳货》)天地悠久,是人生存的所在。平面地向前后左右伸展的是大地,立体地向上伸展的是天空,天地之间让人感觉到没有开始也没有结束的是时间。康德认为,时间、空间是人的先验认识模型,人依据时间、空间的概念建构对世界的认识。西方有哲学家认为,人生存在时间中。中国古人也在仰观天文、俯察地理中找到了人生存的源头。

天人合一是中国古代重要的哲学思想。天地的"博厚""高明""悠久",给人以启示——"如此者,不见而章,不动而变,无为而成"。天地没有显现,它就自然彰显,太阳不需要鼓吹自己在发光。天地,你看不到它在动,从古到今,好像还是一样的天地,但它时刻在变化;天地没有做什么,但它造化养育自然万物。这就是《道德经·第二十五章》说的"人法地,地法天,天法道,道法自然"。自然现象就是最大的"诚",是"至诚",造化养育了自然万物。

康德说,仰望头顶的星空和审视内心的道德律令是令人敬畏的。这其实就是"诚"的力量。星空是那样亘古不变地悬在我们的头顶,"不动而变";康德讲的道德律令是一种纯粹的善,用《中庸》的话来说,就是"诚"的善。这种善,不仅是行为的善,而且是动机的善。康德认为,为了某种不正当的动机行善是不道德的。譬如，有的人为了利益而资助穷人，有的人为了获得好的名声而捐款。康德的道德律令与《中庸》的天地之道，同样关注人内心的本真，可谓异曲同工。

人需要敬仰天地的"至诚之道"。有效的社会管理需要让人的"诚"的本性保留多一些、发挥好一些。人能真诚"率性"而顺其自然，就可以穷天理，尽道性，通达自己的天命。

第二节

天地之道，可一言而尽也：其为物不贰，则其生物不测。天地之道：博也，厚也，高也，明也，悠也，久也。今夫天，斯昭昭之多，及其无穷也，日月星辰系焉，万物覆焉；今夫地，一撮土之多，及其广厚，载华岳而不重，振河海而不泄，万物载焉；今夫山，一卷石之多，及其广大，草木生之，禽兽居之，宝藏兴焉；今夫水，一勺之多，及其不测，鼋鼍鲛龙鱼鳖生焉，货财殖焉。

文意解读

第二十章第七节已提出"诚者，天之道也"。天地之道的"诚"，就是自然界的规律，是天的运作模式。这一章第一节的"故至诚无息"，指向的就是天地。所以，这里的"天地之道，可一言而尽也"，就是"诚"这一个字可以表达全部的天地之道。真实的、自然的天地之道现象怎样呢？

天地的规律，可以用一个"诚"字全部表达出来：天地之"诚"作为实质内容独一无二，它生成万物却难以揣度。天地的规律、运作模式，是广博的，宽厚的，高大的，光明的，悠远的，长久的。当下，天、地、山、水的运行规则具体怎样呢？

比如天，是由许多小亮光聚集而成，就其无穷无尽来说，太阳、月亮、星辰靠它悬挂着，万物靠它覆盖着；比如地，是由一点点泥土聚合在一起，就其宽广深厚来说，它承载高大的华山而不觉得沉重，汇聚江河湖海而没有水泄漏，万物由它承载了；比如山，是由一块块拳头一样的小石头累积而成，就其宽广高大来说，花草树木可以生长，飞禽走兽可以居住，珍贵的宝藏从那里开发出来；比如水，是由一小勺一小勺水聚合起来，就其不可度量的深浅，鼋鼍、鲛龙、鱼、鳖在那里生存，财物在那里增加。

联系这一章的上下文，这一节的"天地之道：博也，厚也，高也，明也，悠也，久也"与这一章第一节的"久则征，征则悠远，悠远则博厚，博厚则高明"相关联，"悠远""博厚""高明"就是天地之道。这一章第一节阐述"博厚，所以载物也；高明，所以覆物也；悠久，所以成物也。博厚配地，高明配天，悠久无疆"，这一节则具体阐明天、地、山、水造化养育万物的价值。

思考悟道：天人合一是人生存的"三观"

"天地之道，可一言而尽也：其为物不贰，则其生物不测。"万物之所以能够生存、生长，离不开天地。这就是有思想、情感的人对天地之道的当下一念，对天地"至诚"价值的理解和敬重。一言而尽就是一个"诚"字，怎样一言而尽呢？孔子说："吾道一以贯之"（《论语·里仁》）。怎样一以贯之呢？到底什么是"一"？"一"就是人的当下一念。谈历史离不开当下一念，谈方法离不开当下一念，谈未来离不开当下一念。谈佛法，谈科学技术，谈哲学，谈政治，谈经济，等等，不论你谈什么都要有一个基础，就是你当下明白、清醒的这一念。这一念不可以迷糊，不可以纠结、抱怨，必须静心进入"诚"。当我们以清静心面对万物，万物就在我们当下的清静心里清清楚楚、明明白白。所以，作者子思的当下一念认为，天地之道是以"诚"一以贯之的——天地的表现一心一意，从古到今一直如此；天地造化养育的万物形态万千而难以揣度。这样的天地之道表现为博厚的、高明的、悠久的。这样的天地之道也可以是人间之道。人的生命价值也可以是博厚的、高明的、悠久的，精神也可以是博厚的、高明的、悠久的。圣人之心就有天地之道的博厚、高明、悠久。作为普通人，如果你找到了自己宝藏的钥匙和密码，你与生俱来的博厚、高明、悠久就可以和你不分离。

由于天的无穷、地的广厚、山的广大、水的无涯，才有了日月星辰、花草树木、鸟兽虫鱼等万物的存在；有了万物的存在，才有了人的存在。人的生存之道，需要"率性""修道"守护天地之道，需要感恩天命。当然，人也是天命所生，因此，天人合一，就是人类社会的世界观、价值观和人生观。

第三节

《诗》云："维天之命，於穆不已！"盖曰天之所以为天也。"於乎不显，文王之德之纯！"盖曰文王之所以为文也，纯亦不已。

文意解读

这一节从《诗经·周颂·维天之命》的内容引入"文王之德之纯"，颂扬周文王的道德真诚而永不止息，和天道相通。人的生存以天道、人道而"修道"，选择适应人的存在。接下去的章节就以周文王、周武王、尧、舜为示范，呈现他们主动配合、适应天地之道的圣人之道。文王之德与天道有什么关系呢？

《诗经·周颂·维天之命》说："天命，和谐、通畅而美好，无穷无尽。"这大概是说天之所以成为天的原因。《诗经·周颂·维天之命》又说："啊！多么光明显赫，周文王的德行多么纯粹！"这大概是说周文王之所以被尊谥为"文"，就在于他德行的纯粹，（像天命）永恒而没有止息。

思考悟道：周文王和天地的合一

"《诗》云：'维天之命，於穆不已！'"这句话表达的是这一章第二节天地之道博厚、高明、悠久的美妙和畅通无阻，天命如此才成为亘古不变的天地。圣人周文王如天地一样显贵，是中国古代少有的明君，其品德尽善尽美。周朝的美德、善礼、真情的创始人和集大成者是周文王，他那时并没有统一天下，但是他有个人魅力。周文王去世后，周武王给他所加的谥号为"文"。在古代，人去世后被尊谥为"文"的都是圣贤。《逸周书·谥法解》中说："经纬天地曰文，道德博闻曰文，学勤好问曰文，慈惠爱民曰文，愍民惠礼曰文，锡民爵位曰文。""武"是武功、暴力。"文"是文化、教化。武力是暂时的，文化是永恒的。周文王的"文"体现在"纯"，"纯"离不开"正"，也就是《中庸》的主旨中庸、中和、用中。不正的德行能称为"纯"吗？纯正实际上就是真诚，就是"至诚之道"。这就是品德"巍巍乎"的周文王和博厚、高明、悠久的天地的天人合———"诚者，天之道也；诚之者，人之道也"。

第二十七章　圣人、君子之道、德

大哉，圣人之道！洋洋乎，发育万物，峻极于天。优优大哉！礼仪三百，威仪三千，待其人而后行。故曰：苟不至德，至道不凝焉。故君子尊德性而道问学，致广大而尽精微，极高明而道中庸，温故而知新，敦厚以崇礼。是故居上不骄，为下不倍。国有道，其言足以兴；国无道，其默足以容。《诗》曰："既明且哲，以保其身。"其此之谓与！

文意解读

接着第二十六章最后的大显"文王之德之纯"，这一章开头，作者子思感天动地说"大哉，圣人之道！洋洋乎"，呼应第二十六章的天地之道博厚、高明、悠久。《中庸》第五部分的主题是天地之道与圣人之道的融合。这里的圣人之道，如何使人间盛大、美好呢？

伟大啊，圣人的道理、思想、方法、道义等价值追求！其功德盛大、众多而美好，造化养育自然万物，高大得好像到达了天上。其成效优厚而博大啊！礼的大纲多达三百种，礼的细目有三千项，等待圣贤之人出现，然后才能实行。所以说，如果没有至高的品德，至高的大道也不会凝聚在他的身上。因此，君子尊崇天赋的德行而探究、学习养成更高的德行（也就是往《中庸》的总纲"率性之谓道，修道之谓教"去努力），获得宏大的知识并且尽量追求精细微妙的学问，达到高明的境界并且经过公正、平常的实践途径（就像孔子，他学问渊博，思想精深，钓鱼、射箭、唱歌等平常事也做），温习旧有的学问（或向古人学习），从而获得新的学问，朴实、忠厚而推崇礼仪。所以，品德好而尊崇礼仪的君子，身居上位不骄傲，身居下位不违背。国家的政治管理有规律、道义，他的言论足够使国家兴盛；国家的政治管理没有规律、道义，他沉默不语足够保全自身。《诗经·大雅·烝民》说："既贤明又聪明有才能，就能保全自身。"（《诗经》）大概说的就是这个意思吧！

这一章的"道"和"德"是关键词。古代的"道"和"德"是分开的单音词，与现在的双音词"道德"是不同的。"道"是事物运动变化所必须遵循的普遍规律或万物的本原。

"道""德"也是《中庸》的关键词。让万物生存得好，就要遵循中庸之道，坚守正道、美德，不害物，不伤人。

思考悟道：圣人之道和君子之道的辩证性思维

这一章从第二十六章的天地之道转到人间的圣人之道。圣人之道"洋洋乎""优优大哉"，如天地之道——博厚、高明、悠久。圣人向往天地之道，其为政的力量非常崇高——"发育万物，峻极于天"。人类社会中自然科学里伟大的发现、技术领域里伟大的发明就是优秀的头脑创造出来的。人类有价值的文化更需要优秀的人来开创。这些为人类社会贡献了极大创造力的人可以称为"圣人"，但是真正的圣人离不开伦理、德行，需要符合万物生存的天地之道。德才兼备体现了人道的价值和美好。圣人首先是伦理上、精神上对社会、众生有益。"峻极于天"，首先是圣人德行的崇高。这样高尚的圣人之道怎样具体化呢？人类的美好理想在追求之中，不可能完全实现，但追寻的脚步不会停止，就像人的身体不能永存，但坚守生存之道、为人之道，人可以长寿。

社会管理者或者品德好的君子，怎样探求、实行圣人之道呢？作者子思从圣人之道往下，具体说明君子之德。圣人，是有道德、智慧极高的人。君子，是春秋时期对贵族的通称。由此可见，圣人指人的品德和智慧，具有高才大德的圣人很少；君子是人为政的身份，也需要有品德。圣人具有抽象的形而上的精神，当然，圣人也有具体的形而下的行为；君子有了好的品德，更需要具体的形而下的行为。圣人代表的是天地之道，其德行高大到可以到达天上，其功德足以造化养育万物。在此大道下的人，遵行"礼仪三百，威仪三千"的行为，就是至德。如果人不遵循这样的德，道就得不到体现。君子是在圣人之道下具体实践（古时称为"德"）。面对现实，君子以圣人为楷模，怎样为人处世呢？作者子思从生活实际出发，从普遍到具体，阐释了君子之"三道"，具有生活哲学的意味——因为，这是天地之道所体现的德。所以，作为贵族（统治者）的君子，"尊德性"的普遍化必须特殊地"道问学";追求广大、一般的认识,需要极尽精细、微妙之处;达到高明的境界,需要常态化地实践公正、平常的道理。这有一点西方近代哲学"一般寓于特殊之中"的意思。

"君子尊德性而道问学。""问学",我们需要问,需要学,就是《中庸》第二十章第七节说的"诚者"需要"博学之,审问之,慎思之,明辨之,笃行之"。没有谁是天生的君子,什么都会,就是文字也要一个一个去学才会认识。从辩证性思维来看,学问在后面,首先是"尊德性",人们不把德行的旗帜亮出来、立起来,光做学问,可能非道不可行也。就像学校教育不能教学单一化,不能缺少"尊德性"这一环,德、智、体、美、劳应全面发展。一个人在德上下功夫,在道上有所浸润,肯定有教养、有修养。当然,文以载道,"尊德性"也离不开学问,德才需要兼备。中华传统文化很注重德才兼备的价值。

"致广大而尽精微。"胸怀广大很重要,没有眼界、胸怀的君子怎么行道呢?胸怀狭小,只看见名利,脑子里容纳得太少,哪有什么智慧呢?从辩证的角度来看,一个人的胸怀不宽广一些,再有学问也是可怜的。当然,胸怀广大也离不开精细微妙的学问,像自然科学研究,离不开精细微妙的原子、粒子等。

"极高明而道中庸。"这里的"庸"是平常。为了"极高明",公正的、平常的实践是不可缺少的。当然,公正而平常的实践效果不是平庸的。道离不开平常处,人的平常心就是道。《菜根谭》里说:"神奇卓异非至人,至人只是常。"其实是"至人"离不开常,让自己以平常心,在平常事、平常道上走,在平常事上往长远走就会高明,君子做事平常而效果不平常。做事离开了平常有什么问题呢?比如,有些人因为过早透支了自己的生命,很难健康长寿。这就是因为不是公正的、平常的实践。"君子尊德性而道问学,致广大而尽精微,极高明而道中庸。"这三句君子之道的辩证性思维成为宋明理学的旗帜,从这三句话衍生了不少锦绣文章和格言警句。

"温故而知新"是作者子思传承孔子的学习观。这里的"温故"不仅指旧知识,还指古代圣人的思想精神,像尧、舜、禹、周文王、周武王、周公旦等,其思想精神具有人类发展的整体性价值,值得"温故而知新"。君子之道为什么要"温故而知新"呢？后人学习的学问都是前人留下的，为什么还要"知新"呢？有的人读书破万卷，一定能消化吸收吗？真正的学习离不开"温故"，同时离不开"苟日新，日日新，又日新"的更新。后人确实需要在历史中汲取营养，在古代圣贤的精神中获得相应的感受，还需要推陈出新，明白新陈代谢的价值和力量。后人对"故"要有清醒、准确的认识，正视历史，向往未来。如果我们不注重社会的整体性发展，不正视自己的历史，就是自己欺骗自己，也欺骗后人。

当然，"温故"不是机械地对待传统文化，而是传承、更新优秀的传统文化，去除邪恶的、落后的、不适应当下和未来的传统文化。对历朝历代的治乱兴亡要知道原因，要明白其中的因果。如果不明白历朝历代的兴衰史，对现在的局面也没有清醒的认识，怎么会有当下正确的战略决策呢？社会事物永远处在不断运动、变化和发展之中，可能还有矛盾，但未来的变化、发展离不开历史，同时需要更新，这就是辩证性思维。天地之道具有普遍性价值，值得人类学习、领悟，人类历史上的圣人之道值得不同时代的人学习。"温故而知新"，是大家熟悉的名言，蕴含着丰厚的含义。《易经》中说："君子以多识前言往行，以畜其德。""前言往行"就是认识历史，学习先古圣贤的过程，如此才能积蓄自己的德行。面对当下、未来的发展、变化，现在的社会管理者需要面对历史"温故而知新"。从整体性、联系性辩证思维来看，"故""新"具有矛盾的统一性，"温故"是基础，"知新"是目的，没有"温故"怎么去"知新"呢？没有"温故"这个基础，现在的创新、发展就是一句空话。

这一章的"温故而知新"，具体说是"道问学"而学上古夏朝、商朝、周朝的礼制，孔子具体说"道问学"——"兴于诗，立于礼，成于乐"（《论语·泰伯》）。儒家学习的"六经"是《诗》《书》《礼》《乐》《易》《春秋》。孔子还认为："一日克己复礼，天下归仁焉。"（《论语·颜渊》）在古代，礼为什么这么重要？礼是古代普通人、社会管理者为人处世的普遍性规则。礼不是形式主义。知书达理，行礼以修身，"是故居上不骄，为下不倍"，也就是第十四章说的"君子素其位而行"。这就是礼的规则。"既明且哲，以保其身"，说的是，人既明理又有智慧，就可以保全自己。这似乎是君子为了自己的生存对德的变通，类似生活的辩证发展。面对社会形势，孔子讲权变的辩证发展——"邦有道，危言危行；邦无道，危行言孙"（《论语·宪问》）。孟子也说过："穷则独善其身，达则兼善天下。"（《孟子·尽心上》）因此，明哲保身，并不是在所有情况下都是消极的。这些就是中庸、"诚"的变体。抽象的、绝对的人、人心、人性是中庸的、"诚"的，具体的人、人心、人性则是变通的。当然，普通人总要保全自己，但也有特殊的"勇者不惧"。比如，南宋时期的英雄人物文天祥，主动牺牲自己，而不是"国无道，其默足以容""以保其身"。面对生死存亡，他说："人生自古谁无死，留取丹心照汗青。"（《过零丁洋》）这一章从天地之道引入圣人之道，从圣人之道阐释具体的君子之道。君子之道具有辩证性思维，既有普遍性的圣人之道，又有一定的权变的灵活性。

第二十八章　君子避免违道而守道

子曰："愚而好自用，贱而好自专，生乎今之世，反古之道。如此者，灾及其身者也。"非天子，不议礼，不制度，不考文。今天下车同轨，书同文，行同伦。虽有其位，苟无其德，不敢作礼乐焉；虽有其德，苟无其位，亦不敢作礼乐焉。子曰："吾说夏礼，杞不足征也；吾学殷礼，有宋存焉；吾学周礼，今用之，吾从周。"

文意解读

面对《中庸》第二十七章的圣人之道，这一章以正反对比论证君子之道。作者子思引用孔子说某些官员的违道行为，说明君主的为政之道和君子的为政之道。开头说一些特殊的人的违道行为，然后说明君主、君子守道应该不做哪些事。这里的违道特殊人是"愚"者、"贱"者，应该不是普通人，而是贵族中做官但不聪明的人，或者是贵族中地位相对低的人，或者是做官的人当中地位低的人。他们的违道行为是怎样的呢？孔子说——

"人不聪明却喜欢只凭自己的主观意图行事，地位低下却喜欢独断专行，生活在当今的时代却返回古代行为的法则。像这样违道的人，灾祸会降临到他身上。"

君主或君主以下的那些为政的君子，他们守道，对哪些事需要说"不"呢？

不是君主，不说自己对礼仪的主张，不为国家制定法度，不考核古代的文字（或考核古代的文化）。现在的天下，车子行走同样的轨道，书写形成同样的文字，执行同样的为人处世的道理、规则。虽然有君主的地位，如果没有应有的德行，是不敢制礼作乐的；虽然有相应的德行，如果没有君主的地位，也是不敢制礼作乐的。

孔子自己阐述古人礼仪的行为怎样呢？他说："我谈论夏朝的礼仪，但夏朝的后裔杞国的文献不足以验证；我学习商朝的礼仪，有商朝的后裔宋国存在的资料可供参考；我学习周朝的礼仪，是现在实行的，我遵从周朝的礼仪。"

这里作者子思引用孔子阐述古人礼仪的话与《论语》里孔子说的话不完全一致。"子曰：'夏礼，吾能言之，杞不足征也；殷礼，吾能言之，宋不足征也。文献不足故也。足，则吾能征之矣。'"（《论语·八佾》）孔子虽然自己能说出一些夏朝、商朝的礼仪，但会实事求是地进行科学的验证。孔子对上古有价值的礼仪等很有兴趣，很看重传承，很努力地寻求而不弄虚作假。

思考悟道：君子守道在于"诚"而权变

孔子说违道的"愚"者、"贱"者注重"自"，就是自私、固执而不真诚。这样的人是孔子认为的品德不好的小人，他们只为了"自用""自专"。小人的"愚"相对"智"而言，那么君子的智慧怎样呢？知位守位、知权达变才是智慧。有些从政的人没有智慧，既不能知位，又不能守位，反而"好自用"，自以为是，这是违道的行为。孔子从反面提醒人们，普通人、不聪明的人，需要反省自己，面对生活实际，自己生存得好，与人相处得好，不要太固执，要灵活一点。因为天命不同，要客观地"率性"而走正道，作为"愚"者即使不能"修道"，需要面对自己的天赋尽量"率性"而走正道。人作为社会性动物，怎么能不关心别人，与人真诚相处呢？为政的君子（品德好的官员）怎样对待手下的人呢？"愚""贱"的为政的小人（品德不好的官员）怎样对待手下的人呢？孔子观察到的现象是——"子曰：'君子易事而难说也。说之不以道，不说也。及其使人也，器之。小人难事而易说也。说之虽不以道，说也。及其使人也，求备焉'"（《论语·子路》）。孔子说君子和小人在与人相处、使用人方面持相反的态度——为政的君子真诚、正派，工作人员容易在他手下做事，却难以讨好他；有人用不正当的手段讨好他，他是不会喜欢的，等他使用人时，能量才而用。品行不端而虚伪的小人，工作人员在他手下做事很难，却容易讨好他；即使不以正道，而用巧言令色去讨好他，他也会喜欢，但等他使用人时，总是求全责备。从君子、小人为政持相反的态度，可以看出人类社会管理最美的理想在哪里？真心诚意，助人为乐。最大的遗憾在哪里？自私自利，违道为己。

所以，君子的为政之道必须至诚待人，回避小人的虚情假意。守道的君主、君子注重"不"，就是遵循中庸之道，公正而和谐。人要有权变思维，遵循中庸的公正、和谐理念，该做的事要做、做好，不该做的事不做。"非天子，不议礼，不制度，不考文"是国家的整体性运作之道，礼仪的制定，制度、重要政策法令的制定，都需要君主来掌控，这样做不妨碍诸侯健康自主地发展，而且为天下的美好发展提供普遍的条件和策略。这是中华民族历来为政之道的统一性的真诚意识。所以，那个时代就"车同轨，书同文，行同伦"。有人认为这句话是秦始皇以后的人加进去的，认为秦始皇统一天下后，才实现了"车同轨，书同文，行同伦"。其实，在周武王灭商朝统一天下后，基本上做到了"车同轨，书同文，行同伦"。《诗经·小雅·北山》中歌颂周武王："普天之下，莫非王土；率土之滨，莫非王臣。"既然如此，在中央政权覆盖的疆域，为了天下统一上令下达，必然需要"车同轨，书同文，行同伦"。自古以来，中华民族多元却有大一统的思想，就是春秋战国时期，还有齐桓公"九合诸侯，一匡天下"的统一意识。

君子为政面对"有其位，无其德"或"有其德，无其位"，其行为需要心诚而权变。以孔子为例，他只做了五年的官，更不是君主，但德行崇高。他终身私人办学教诲弟子，虽然好礼，但不以礼仪去管理社会，"不议礼"（不议定礼仪），"不敢作礼乐"（不敢创制礼乐），他有礼仪的主张，也有对国家法度的观念和建议。对古代的《诗》《礼》《乐》等，孔子实事求是地考核且修正，虽然不能以礼乐管理当时的社会，但为未来的传承作出了不可磨灭的贡献。孔子曾说："吾自卫反鲁，然后乐正，《雅》《颂》各得其所。"（《论语·子罕》）孔子自己好古，他说："我非生而知之者，好古，敏以求之者也。"（《论语·述而》）他所好的是上古时期尧、舜、禹等圣人的优秀文化。但这里他为什么批评"反古之道"的人呢？孔子反对的是机械化地复古。这些"反古"的人不明白传统文化的价值，只是生搬硬套。在儒学的思想里，一方面是崇尚圣王，另一方面是"温故而知新"，继承优秀的传统文化。但这个继承不是生硬地、无选择地去继承、去实践，而是在权变中维新。就像《大学》里说"周虽旧邦，其命惟新"，"苟日新，日日新，又日新"。现实离不开历史，但机械化地复古是没有好下场的。

第二十九章　君子人间"六道"的美满

王天下有三重焉，其寡过矣乎！上焉者，虽善无征，无征不信，不信民弗从；下焉者，虽善不尊，不尊不信，不信民弗从。

故君子之道，本诸身，征诸庶民，考诸三王而不缪，建诸天地而不悖，质诸鬼神而无疑，百世以俟圣人而不惑。质诸鬼神而无疑，知天也；百世以俟圣人而不惑，知人也。是故君子动而世为天下道，行而世为天下法，言而世为天下则。远之则有望，近之则不厌。

《诗》曰："在彼无恶，在此无射。庶几凤夜，以永终誉。"君子未有不如此而蚤有誉于天下者也。

文意解读

这一章承接前面抽象的天地之道、君子之道，具体说明治理社会的君子之道。联系第二十八章的"非天子，不议礼，不制度，不考文"，这一章从正面说——

君主治理天下有三件重要的工作："议礼""制度""考文"（议定礼乐，制定法度，考核、规范文字或考核文化），做好这三件事，管理天下就没什么过失了。在上位的人，虽然善于实行这"三重"，但如果没有经过实践验证，就不能使人信任，不能使人信任，百姓就不会听从。在下位的人，虽然善于实行"三重"，如果不尊重人，就不能使人信任，不能使人信任，百姓就不会听从。（这里的"善"一般解释为行善或美德、品德好。"尊"解释为尊贵的地位。这一章第一段最后一句话的意思一般解释为在下位的人虽然行善、品德很好，但由于没有尊贵的地位，也不能使人信任而听从。地位不高的人行善、品德很好却不能使人信任，这样的话说得通吗？符合实际吗？笔者从文本整体性解读的思维出发，联系上下文把"善"解释为善于实行"三重"，"尊"解释为尊重，供大家参考。）

"王天下"的"三重"是社会管理的普遍性价值观。有了治理天下的礼仪、法度、文化"三重"的普遍规律，君子为政具体怎样实行呢？下面是君子为政的人间"六道"的丰富多彩、至善至美。

所以君子管理社会的主张和措施为"六道"：一是以他自己的品德、才能、行为等为根本，二是以百姓的反应为验证，三是对夏朝、商朝、周朝先王的为政制度考核而没有谬误，四是把它在人类社会加以实行不违背自然规律，五是向鬼神询问而没有怀疑，六是百年以后等待圣人评价也不困惑。向鬼神询问而没有怀疑，这是因为知道天道；百年以后等待圣人评价也不困惑，这是因为了解人道。君子之道的"六道"，有什么价值呢？（"是"：这样看来。"故"：所以。这样阐释具有联系上下文解读的系统性。）

这样看来，君子管理社会的"六道"世世代代传承作为天下为政的主张、措施，实行的"六道"世世代代传承作为天下为政的制度，谈论的"六道"世世代代传承作为天下为政的准则。远离这样的君子会景仰他，亲近这样的君子不会讨厌他。

最后以《诗经》的句子赞美君子实行"六道"的效应和价值——

《诗经·周颂·振鹭》说："在那儿没有人不喜欢，在这儿没有人厌弃。几乎早晚都努力工作，以便自始至终获得安乐。"这就是说，君子没有不这么做（"六道"）而能早早在天下获得名誉的。

"誉"一般解释为荣誉，赞美。"誉"的古义有安乐的意思，解释为安乐，意义更到位。真正的君子发奋工作得到众人的认同、喜欢，不仅仅是为了自己受到赞美、获得荣誉，而是做好了应该做的事，自己的心灵能感受到自身为人处世的安乐。

思考悟道：君子为政之"六道"的价值：诚信修养好自己，自身实践为民服务而取信于民

治理天下的"三重"和君子为政的"六道"需要以天地之道为背景，但都离不开众人的信任——"不信民弗从"。人不信任天地，能生存吗？作为社会性动物，人与人相处也离不开诚信。治理国家，孔子认为"民无信不立"（《论语·颜渊》）。中庸之道的公正就离不开诚、信。君子为政彰显、实行的"六道"离得开诚、信吗？

一是"本诸身"。以自身为本，做任何事离不开自己，把事做好需要自己内心的诚、信。大学之道是先格物、致知，再意诚、心正，然后修身，最后可以齐家、治国、平天下。《大学》里还提出："自天子以至于庶人，壹是皆以修身为本。"所以，君子之道的"本诸身"即修身。从日常生活来看，吃饭是自己吃，说话是自己说，做事是自己做，进德修业也是自己的事，人需要时时把自己看住，君子之道一定要从自己做起。"本诸身"即身教，自己的品行提升了，言行举止、行住坐卧有气象了，对身边的人肯定会有影响。真诚的身教甚于言教，别人就会信任你，喜欢与你打交道。如果老是指责别人，说别人的长短，别人只会反感。"本诸身"即修养好自己，需要诚信对待自己，对待他人，以孔子说的为人、待人的理念——"躬自厚而薄责于人，则远怨矣"（《论语·卫灵公》）为准则。作为君子之道的起点，"本诸身"很重要，进而才能"征诸庶民"。

二是"征诸庶民"。人做事离不开自己也离不开他人。为政，首先做好自己，同时还需要得到众人的认可、信任，与人相处得好，做的事要有益于他人，"不信民弗从"。为政离不开政府，为政更离不开民众。政府管理社会的目的是为民众服务。君子为政之道，"本诸身"是基础，但离不开

"征诸庶民"。"征诸庶民"不是靠行政命令。行政命令下来，如果不能得到百姓的验证和赞同，行政命令就落实不了。

三是"考诸三王"。为政要修养好自己，得到百姓的信任，还需要尊重、继承优秀的传统文化，承上启下，是对历史价值的诚信和感恩。人类社会发展的历史、现在和未来是络绎不绝之道，没有历史哪有现在？没有现在哪有未来？没有前辈哪有本身？没有本身哪有后代？在时间的长河中，每一代人都是现代人，曾经是未来人，又成为历史人。历史永远在动态之中，所以需要"考诸三王"而做好当下、面向未来。当然，历史、现在、未来共同发展不是机械的、固执的，而是科学的、灵活的，所以需要"考诸三王而不缪"，经过验证确定历史没有谬误，以优秀的历史价值发展当下、未来，当下、未来会成为今后更好的历史。关于历史、当下、未来的关系，哲学家叶秀山在《思·史·诗》中说："古人虽然死去，但他们的工作（包括语言的作品）却总在向我们说些什么，告诉我们什么；来者尚未出世，但我们也以我们的工作（包括我们的言语作品）向他们说些什么，告诉他们些什么。我们总是在前人的指导下，为后人工作，总是缅怀着曾在，设计着将在，而努力工作于现在。"真正有效果的历史是动态的，扎根在未来，具有时代性的价值。

四是"建诸大地"。万物的存在、人类社会的建立离不开天地。天下管理遵循天地之道，与自然和睦相处，是对自然天性的诚信、感恩。前面"三道"说的是人类现存的社会状态，第四道进入"天地"，人类的安居乐业不能脱离大自然的基本规律。《易经》说："天地交，泰。后以财成天地之道，辅相天地之宜，以左右民。"意思是天地交合，通泰。君主认为财产成就于天地运行的规律，得到辅助在于天地的适宜，以此帮助、引导百姓。天地之道是人之道的源头，没有天地哪有万物呢？没有万物哪有人类的生存呢？所以"建诸天地而不悖"，人类存在于天地而不违背自然之道。中庸、"中和"、"用中"之道的发轫在天命。《中庸》第二十六章具体说明天地之道，第二十九章至第三十三章，每一章都提到天地。可见，人生存的中庸、"中和"、"用中"之道，圣人之道，君子之道，为政之道，为人处世之道，等等，都离不开天地之道。所以，"建诸天地而不悖"就是"天命之谓性，率性之谓道，修道之谓教"。

五是"质诸鬼神"。人的存在"建诸天地"，也离不开前辈，所以为人、为政必须感恩前辈、神灵，诚信天地万物的创造者——鬼神。鬼本来是指人离世后的魂魄。人离世后魂魄在哪里呢？后来在人们心中，没有人哪有离世的鬼？鬼，就是留在活着的人心中的去世的人。也就是人的生存离不开前辈后辈，前辈生存，也为了后辈生存，前辈在世、离世，后辈都要询问、慰问、继承前辈而不疑惑，生存得更好。神在古代指天地万物的创造者或主宰者。没有天地万物的创建就没有人类的存在，这是古人对天地万物的敬慕和感恩。"质诸鬼神而无疑"就是"知天也"，明白自然的天道。古人占卜就是"质诸鬼神"，为的是了解人一代一代的发展和天命、天地之道。当然仅占卜不可能完全理解自然现象的发生，后来有了科技发明，人类对自然规律的理解更到位一些，但天地、自然之道不可能完全了解、掌握，"道可道，非常道"（《道德经·第一章》）。比如，天地是怎样产生的，人类真正知道吗？没有天地之道就没有人类社会，人类社会也不完全适应天地之道。所以，面对天地之道，既需要"修道"、科学研究，又需要坦然面对、适应。

六是"百世以俟圣人"。为政遵循、实行以上"五道"，自己修身为民众服务，尊重前辈、历史，遵循天地之道，还要诚信面对人类的未来，做好当下，往后的世世代代就会得到后人的肯定、赞美而没有困惑，这就是"知人也"，明白了社会的人道。君子为政，离不开天道，为的是真心诚意守住人生存的常道。人道离不开天道，离不开人自身，离不开历史、当下和未来。这样的为政"六道"，其实就是人的生存之道。儒学的为政"六道"，如此美好，最符合中庸、"中和"、"用中"，公正而和谐之道，这样有诚有信的为政一定会达到国泰民安，天下太平。君子之道能真正做到这样，可以世世代代相传承，达到北宋思想家张载追求的人道理想——"为天地立心，为生民立命，为往圣继绝学，为万世开太平"（《横渠四句》）。张载的"四为"与这里的"六道"相通。如果人类社会这"四为""六道"能做到位，《中庸》第九章孔子的遗憾"中庸不可能也"，就可以免除了。

为政的君子对这"六道"言行一致且落实到位的话，其"动""行""言"

都可以引领天下，成为天下奉行的标准和效法的对象。这样的君子在当下，身边人不厌倦；哪怕离得很远，就是成为遥远的历史人物，也会受到天下人的仰望。苏格拉底、耶稣、释迦牟尼、孔子这四位"人类的教师"肯定是"远之则有望"，后世的人不仅敬仰他们还愿意亲近他们。

如此，"六道"的为政境界穿越时空，与现在的政治理想仍然相通，闪耀着智慧的光芒。

第三十章　孔子的人道与天道

仲尼祖述尧、舜，宪章文、武；上律天时，下袭水土。辟如天地之无不持载，无不覆帱；辟如四时之错行，如日月之代明。万物并育而不相害，道并行而不相悖。小德川流，大德敦化。此天地之所以为大也。

文意解读

这是《中庸》里特殊的一章，以孔子的行为表达他的人道与天道。《中庸》的作者是孔子的孙子子思，他引用孔子的话语很多，这里以孔子的行为说明天人合一，具体表达《中庸》第五部分的主题——天地之道和圣人之道融为一体。作为至圣先师的孔子，面对人类未来的发展，其人道、大道怎样呢？

孔子效法、陈述尧、舜的大道，学习、赞美周文王、周武王的大道；往上遵守天命的规律，往下顺从水土的趋势。孔子如同天地那样没有什么不持守承载，没有什么不覆盖照顾；孔子好像四季的交替运行，如同太阳、月亮轮流照耀。孔子教诲弟子，就像万物得到养育而不相互妨害，大道一起运行而不相互冲突。天地之道小的恩惠如水流动不息，大的恩惠宽容不刻薄，造化养育万物。这就是天地伟大的原因。

思考悟道：天人合一

孔子敬仰、效法尧、舜、周文王、周武王，就是第二十九章君子"六道"的"考诸三王"，继承优秀的传统文化，为的是使为政的君子具有圣人之道，使人类的未来更美好，使天下的人道更畅通无阻。面对人类的未来，为了传承优秀的传统文化，孔子晚年整理、编订了"六经"——《诗》《书》《礼》《乐》《易》《春秋》，为后世社会的人道传承了比较完整的上古文化系统。孔子整理"六经"，是中华民族的文化集大成者，他的功劳重点在社会性上，当然也具有道家的自然性和佛家的精神性，是对中华民族社会管理道统、法统的确定。尧、舜是中华民族上古时期的圣人，距离孔子有两千多年，就像我们现在距离孔子两千多年。孔子为什么祖述尧、舜呢？因为尧、舜后的夏朝、商朝、周朝一脉相承，孔子了解得很清楚，他对历史都要实践验证。面对尧、舜、禹，孔子很景仰。他说，"巍巍乎！舜、禹之有天下也而不与焉"（《论语·泰伯》），"大哉尧之为君也！巍巍乎！唯天为大，唯尧则之。荡荡乎！民无能名焉。巍巍乎其有成功也，焕乎其有文章"（《论语·泰伯》）。孔子所处的时代是春秋末期，诸侯各国共同奉行的政治制度、治国理念都是周文王、周武王、周公旦制定的，所以孔子"宪章文、武"。孔子赞同、遵循、传承传统文化，不是简单的复古主义，从《大学》《中庸》《论语》里可以看到，孔子继承的是优秀传统文化的核心，注重"温故而知新"。孔子"祖述尧、舜，宪章文、武"，不仅是对优秀文化的继承、发扬，而且是为了人类社会未来的发展推陈出新。

孔子以天地之道"博厚""高明""悠久"的境界赞美崇高的尧、舜、禹"巍巍乎"。孔子赞美尧的人道与自然之道合二为一，"唯天为大，唯尧则之"，圣人天子的意识就是上法天，下安民。人道的畅通无阻，离不开天道，由此孔子注重人道和天地之道的融合。孔子终身遵守天道，到了五十岁他真正知天命。他认为君子有三种敬畏，第一要敬畏天命，第二要敬畏大人（就像这里的尧、舜、周文王、周武王），第三要敬畏圣人的话语。孔子敬畏天命，他感恩天虽然不说话，但四季照样运行，万物照样生长。

孔子遵从天地之道——上遵循天命，下顺从水土地理。由此，孔子行人间之道，就像天地承载万物、覆盖万物一样，应该照顾所有；又像太阳、月亮的四时交替运行，富有规律。比如，孔子私人办学像太阳、月亮轮流，终身从之，弟子三千，贤人七十二；像天地承载，只要有弟子来，他都接受，哪怕只带十条干肉，孔子没有不教诲的。孔子经常观察水，感受水流之道即人类存在不舍昼夜的时光，产生了历史性、时间性的哲学思考，"子在川上，曰：'逝者如斯夫！不舍昼夜'"（《论语·子罕》）。

天地之道伟大的原因在哪里呢？天地之博大、有容，因此，万物共同生长而互不相害，各种不同的行为准则能同时进行而不冲突，孔子教诲弟子就像这样。由此观照现代社会，人与大自然的相处，自然界的万物相处，不同民族间的宗教信仰，不同国家的不同文化的共存，都体现了"万物并育而不相害，道并行而不相悖"，其实就是大家都在守道，多元共存，和谐相处。天地的伟大，还体现在它为天下带来的恩惠。从比较的方式来说，天地小的恩惠如水流动不息，事物都在运动；大的恩惠宽容不刻薄，造化养育万物，具有多样性和统一性，万物都成长为最完美的自己。

面对人类的生存，孔子的思想精神注重社会性，也离不开自然性，这就是天人合一的理念。孔子的政治主张、治国理念，把人作为大自然的一部分，以天地之道，运用于人类社会的治理。在孔子看来，"获罪于天，无所祷也"（《论语·八佾》）。所以，子思以孔子的天人合一思想，将天地之道与人间之道融为一体进行探讨。现代社会要走出生态破坏、人口负担、环境污染三大困境，看来要从古人天人合一的理念中汲取智慧。

第三十一章　圣人之道、美德与天相配

唯天下至圣，为能聪明睿知，足以有临也；宽裕温柔，足以有容也；发强刚毅，足以有执也；齐庄中正，足以有敬也；文理密察，足以有别也。溥博渊泉，而时出之。溥博如天，渊泉如渊。见而民莫不敬，言而民莫不信，行而民莫不说。是以声名洋溢乎中国，施及蛮貊。舟车所至，人力所通，天之所覆，地之所载，日月所照，霜露所队，凡有血气者，莫不尊亲，故曰配天。

文意解读

这一章继续围绕第五部分天地之道、人间之道和圣人之道的主题，确认圣人的德行与天相配。面对天下、世人，圣人之道的德行怎样呢？

只有在天下达到高智慧、高品德的人，才能耳聪目明、思想深远、知识广博，值得认为具有从上到下治理天下的能力；他宽厚优裕，温和柔顺，值得认为具有容纳天下万物的精神（"宽""裕"，意思相近）；他奋发图强又刚勇坚毅，意志坚定地去为政，值得认为可以主管天下（"强""刚"意思相近）；他恭敬端庄，内心公正（"中"有正、不偏不倚的意思，也有内心的意思），值得认为受人尊敬；他对文化（包括礼乐典章制度）的道理细密考察，值得认为具有辨别的能力。圣人德行广博像深厚的泉水，而随时显露出来。圣人德行广阔如同天空，深厚如同深潭。他一出现，百姓没有不尊敬的；他说的话，百姓没有不相信的；他的行为，百姓没有不喜欢的。因此，他的声望广泛传播，蔓延到南蛮北貊边远的地方。船、车到达的地方，有人努力通行的地方，天覆盖的地方，地承载的地方，太阳、月亮照耀的地方，霜露坠落的地方，凡是有血脉气息的人，没有不尊敬、不亲近他的，所以说天下至圣与天相配。

思考悟道：圣人之道与天地之道相通的崇高的普遍性价值

第三十章谈孔子"祖述尧、舜，宪章文、武"，对圣人之道、天地之道进行了歌颂。孔子是圣人，尧、舜、周文王、周武王是圣人。这一章继续谈天地之道背景下的圣人之道。作者子思从五个方面来谈圣人，描写了圣人完美无瑕的形象和圣人对人类广泛的影响。圣人之道的"五德"具有怎样的与天地之道相通的崇高的普遍性价值呢？

一是"聪明睿知"的价值。具有高智慧、高品德的圣人，"率性之谓道"，发挥好自己耳聪目明的天赋予的本性，使自己聪明睿智，就能具有治理天下的价值了。人有自然的眼、耳，但不一定眼看就为明，耳听就为聪。眼睛怎样能明呢？耳朵怎样能聪呢？耳朵是天网，眼睛是天网。只有善听的人才能到达聪的境界，只有善视的人才能善于观察，而且不带成见地聆听、观察。在与人交流的过程中，经常心有成见，就听不进别人的话。观察事物时，思想不集中，情绪不稳定，就看不明白。耳朵有障碍，听不清；眼睛有障碍，看不清。眼睛、耳朵的障碍来自哪里呢？都是心灵的障碍，自己的情绪、好恶、知识、自以为是的经验等，就把自己的聪明给遮蔽了。怎样聪明睿智起来呢？圣人的境界就是心灵无障碍而思考。孔子提醒大家"视思明，听思聪"（《论语·季氏》）。人真正"率性"而"修道"，动脑筋自主学习、自我教育、向贤人学习，才能视明、听聪、言忠、行笃而品德好，由此心安、心诚、心宽而无障碍地面对生活、事务，像孔子为人处世一样"温而厉，威而不猛，恭而安"（《论语·述而》），心态如此就更加聪明睿智。圣人智慧的价值不仅在于成长好自己，而且要与人相处得好，助人为乐。如果为政，他善于聆听天下，善于视察天下，就会有智慧、能力管理好、养育好天下。

二是"宽裕温柔"的价值。圣人高道德、高智慧，所以心胸宽大。如果心胸窄，气量狭小，不像天地一样宽广，怎能成为圣人呢？有的人心里老是纠结，心不宽，就是孔子说的"小人长戚戚"（《论语·述而》）。圣人温柔，与人相处温暖、温馨，不那么刻板、刁钻。圣人没有居高临下的气势，不会拒人于千里之外，与他交往会感觉如沐春风。圣人"聪明睿知"而"发强刚毅"，为什么需要"宽裕温柔"呢？作为社会人，每个人的个性、天赋不同，与人相处需要宽以待人。圣人"宽裕温柔"的为人价值在于会包容人，和蔼可亲，就像中国当代著名社会学家费孝通追求的社会人的理想价值——各美其美，美人之美，美美与共，天下大同。

三是"发强刚毅"的价值。尧、舜、禹、周文王、周武土等品德高、智慧高的圣人，不仅容纳众人，对大家"宽裕温柔"，而且为政"发强刚毅"，为天下人做事，工作时奋发图强、锲而不舍，不怕吃苦。比如，禹治水三过家门而不入。舜时，黄河流域洪水泛滥，人们的生活深受其害。当时，禹还没有做君主，具体做的是治理黄河的工作。他十三年坚持不懈带领大家沟通九河，引水入海、入江，有三次经过自己的家门都没有回家看望家人、为家人做事，这就是他意志坚定地为天下人做事的行为。后来，他做了君主，为百姓服务的行为、态度更加坚定不移——作为天下的最高领袖，他自己的饮食微薄，坚持用丰盛的祭品向鬼神尽孝心；他自己穿衣服很简朴，却尽力把祭祀用的礼服做得很华美；他自己住的房子低矮狭小，却尽力开挖田间水道，治理洪水。这是孔子对"发强刚毅"为政的圣人禹的深情赞美。圣人"宽裕温柔"的价值在为人，"发强刚毅"的价值在处世，足以主持好自己的工作、事务，非常完美地为天下人做事。

四是"齐庄中正"的价值。圣人为政做事整齐，有条理，很庄重，内心很公正。圣人有了自己的聪明睿智，有了自己对人的宽容温柔，有了自己做事的奋发图强，还需要公平、公正地面对整体性的天下管理、服务，才能得到人们的尊敬。面对天下各地方人的生活条件、生活方式不完全一样，政府的管理既要有一定的灵活性，又要有普遍性。圣人"齐庄中正"的价值在于，自己为政公平、公正，使天下不同的人相遇眼神炯炯，相互关心，和睦相处。

五是"文理密察"的价值。从历史性来看，一万年前的天下有现在的物质文明和精神文明吗？人类不断发展、提升，建基于历史的物质文明和精神文明，但历史的精神文明在某些方面还超越了现在，所以值得继承、发扬。圣人更注重继承历史的精神文明而不断提升人类精神文明的层次，具体的做法是"文理密察"，对文章里蕴含的文化（包括礼乐典章制度）的道理详细考察，明辨清楚其合理性而弘扬其中优秀的适合当下的文化。圣人为政的政策、礼仪、教化处于辩证性思维的"文理密察"状态，具备实现天下发展的继往开来、日新月异的价值。

圣人为什么能至圣呢？因为守中庸、"中和"、"用中"之道，为人处世公平公正，内心真诚，达到《中庸》的核心价值"天命之谓性，率性之谓道，修道之谓教"的天道、人道的辩证统一。圣人"率性"、"修道"、修身具有了以上五个方面崇高的品德、智慧，所以圣人的品德广博深沉，随时体现在天下，广阔的心胸如同天空，深沉的处世意识如同潭水。面对百姓，圣人一出现没有不尊敬的，一说话没有不信任的，一做事没有不喜欢的。所以，为政价值性大、品德好的圣人，不仅有好的名声，而且能传到偏远的地区。人的生存离不开天地，船、车通达的地方，天之下、地之上，太阳、月亮照耀的地方，霜露降下的地方，凡是有血脉气息的人，没有人不尊敬、不亲近他的；天下人生存得更好，也离不开为百姓服务的圣人，心理、体力正常的人没有不尊敬圣人的。所以，对天下人的生存而言，这样的圣人的价值与天地的价值是配合的、相通的，都具有为了天下人的生存和美好的未来的普遍性价值。

我们普通人不可能成为圣人，虽然不能"聪明睿知"而为政，但可以向"聪明睿知"靠拢，特别是"宽裕温柔""齐庄中正"。作为普通人，在做事的时候能够"发强刚毅"，追求这样的执行力，就能把自己的工作做得好一些；在思考问题的时候，可以注意思维的"文理密察"。圣人这五个方面的素质对普通人的成长、发展也有价值。

第三十二章 圣人"至诚"，为能明道

唯天下至诚，为能经纶天下之大经，立天下之大本，知天地之化育。夫焉有所倚？肫肫其仁，渊渊其渊，浩浩其天！苟不固聪明圣知达天德者，其孰能知之？

文意解读

这一章照应《中庸》的核心思想之一——"诚"，围绕第五部分的主题圣人之道、天地之道说明人道、天道离不开意蕴深刻的"诚"。第二十二章说过"唯天下至诚"而"率性"的神奇作用。联系第三十一章的"唯天下至圣"，这里阐明"至诚"方可"至圣"的最高境界。

只有真诚达到最高境界的圣人，才能筹划处埋整个天下的规则，树立天下根本的大德，知道天地造化养育万物的自然功能。"至诚"有什么依靠的方面呢？他的仁心无比诚恳而努力行仁，他的深邃的思想像潭水一样深沉，他的天性宽广豪放像波澜壮阔的盛大水势！如果不是耳聪目明、通达事理、知识丰富、通晓天赋美德的人，谁能明白"至诚"的道理呢？

《中庸》的最后一章（第三十三章）很特殊，都是以《诗经》来阐释君子之道。这一章是《中庸》的倒数第二章，59个字，"天"字有6个——"天下""天下""天下""天地""其天""达天"，是对第五部分主题"天地之道"的概括、深化，也呼应《中庸》的总纲"天命之谓性，率性之谓道，修道之谓教"。从主题阅读的角度来看，这里用"天下"这个词表达人类社会，是为了强调人的生存离不开天道，激励人们把天地之道和人间之道合二为一。

思考悟道："至诚"者，真正知人道、知天道

第三十一章表达的是圣人的"五德"。怎样做到"五德"呢？《大学》里说："自天子以至于庶人，壹是皆以修身为本。"《中庸》开篇说："天命之谓性，率性之谓道，修道之谓教。""道"的内涵博大精深，行为离不开"修"。如果不修身、"修道"，"五德"从哪里来？怎样修身、"修道"？正心诚意。通过正心诚意达到"至诚"的境界，才能真正修好身，修正道而知人道、天道。天地人心怎样建立起来？"至诚"才能回归自己内心的良知，恢复自己的情感能力，由此才能知天地化育万物的恩惠，才能维系天下之大本，才能筹划天下之大经，由此知人、知天，得人心者得天下。

"至诚"还依据什么呢？首先依据的是自己的生命。没有生命哪有人，哪有天下呢？人生存的"至诚"离不开仁，对人亲善，无贪、无痴、无欲，不害人、不伤人。《庄子·达生》中说："达生之情者，不务生之所无以为。"仁爱之心，是人应有的深厚思想和广博天性，对生命如此真诚，人类才能生存得更好。面对疫情我们要知人道，既要科学面对又要真诚面对，心态好，尊重生命的规律，不能胡吃海喝，不能不睡觉，有损生命原则的事不做。有健康的生命、健康的精神，就是"至诚"。君子为政想天下太平，需要引导民众返璞归真，注意身体健康、精神健康，欲望少一点，酒色财气少一点，自然就太平安康了。面对问题，如果都回归"至诚"，守天道、人道，自然就国泰民安了。

人道离不开天道，人德离不开天德。怎样通晓天德呢？《庄子·大宗师》里说："知天之所为，知人之所为者，至矣。""天之所为"就是天地万物的造化养育，"人之所为"离不开天道，才能成就社会的一切。人类生存离不开天人合一。天人合一就是自然性和社会性的和谐。人类生存离不开大自然，也不完全适应大自然。当然这也是自然现象，所以，大自然下生存的人必须诚心敬仰、感恩大自然，别去狂妄梦想人定胜天，需要通晓天德，天人共存。天德是什么？天德离不开人，首先就是承认人的自然性。大自然是神圣不可侵犯的，人要敬畏大自然、天地间的万物。有天德才会有人德，因为社会的一切是倚仗大自然才有的。现在，我们的精神都社会

化了，不是纯自然的，但是我们社会化的精神世界离得开我们纯自然的肉体吗？人的生存离不开精神，精神离不开生命。天德就是人的身体，生命就是天的恩德。社会的天德就是我们的自然环境。如果我们的自然环境被摧毁了，人类还能建功立业吗？所以"苟不固聪明圣知达天德者"，就是要把我们的社会和人居住的地球放在一个整体里来思考。人类社会真心诚意地"至诚"，与大自然和睦共处，就需要将人道与天道、人德与天德融为一体。

第三十三章　君子之道，蕴含于《诗经》中

《诗》曰："衣锦尚䌹。"恶其文之著也。故君子之道，闇然而日章；小人之道，的然而日亡。君子之道，淡而不厌，简而文，温而理，知远之近，知风之自，知微之显，可与入德矣。

《诗》云："潜虽伏矣，亦孔之昭！"故君子内省不疚，无恶于志。君子之所不可及者，其唯人之所不见乎！

《诗》云："相在尔室，尚不愧于屋漏。"故君子不动而敬，不言而信。

《诗》曰："奏假无言，时靡有争。"是故君子不赏而民劝，不怒而民威于鈇钺。

《诗》曰："不显惟德，百辟其刑之。"是故君子笃恭而天下平。

《诗》云："予怀明德，不大声以色。"子曰："声色之于以化民，末也。"

《诗》曰："德辅如毛。"毛犹有伦。"上天之载，无声无臭。"至矣！

文意解读

《中庸》最后一章用《诗经》中的句子引出君子的修身、治国之道。现在有学者批评历史上的一些《诗经》研究者，说他们总是从政治的角度阐释《诗经》，偏离甚至歪曲了《诗经》的本意。其实，《诗经》是反映当时社会风貌的，自然包含政治的内容。对《诗经》中的具体作品应该具体分析、解读，可根据当时的政治、社会、文化背景，以还原的解读方式，探究其表达的意思。现代人的理解只能接近《诗经》时代所表达的意思。就是当代

的作品，也不能做到完全还原作者所表达的意思。文本解读就是作者、文本、读者融合起来理解，读者由此获得自己的见解。

这一章七段，每一段引用《诗经》的一句话，最后一段引用了两句，阐释君子之道和君子修行。子思为什么以这种方式作为《中庸》的结尾和总结呢？因为孔子很重视古代的"六经"——《诗》《书》《礼》《易》《乐》《春秋》，其中对《诗》更重视。孔子说："兴于《诗》，立于礼，成于乐。"（《论语·泰伯》）关于《诗经》，孔子说："小子何莫学夫《诗》？《诗》，可以兴，可以观，可以群，可以怨。迩之事父，远之事君。多识于鸟兽草木之名。"（《论语·阳货》）《中庸》的作者是孔子的孙子子思，但《中庸》的思想离不开孔子，《中庸》里引用孔子的话也不少。日本哲学家、伦理学家和辻哲郎为什么说孔子和苏格拉底、耶稣、释迦牟尼是"人类的教师"呢？就是因为孔子的儒学思想具有普遍性的教育价值。

《中庸》体现了子思继承祖父孔子的儒学之道，最后一章体现了孔子重视《诗经》的文化价值，以《诗经》来观君子之道。为了人生存得好，《中庸》的深刻思想就在于引导君子为政走上正道。当然，君子的为政之道是为了管理天下，但对社会大众的为人处世也有启示。

这里的君子在那个时代是指贵族，做官的人。第一段是君子为政应该遵循的规律，君子为政的行为、态度。《诗经》中有哪些君子之道呢？

《诗经·卫风·硕人》说："穿锦衣时，外加罩衫。"这是不喜欢锦衣的花纹太显露（生活条件好的人不喜欢在一般人面前炫耀自己）。所以君子做人的措施是：静悄悄的样子，不故意公开自己而一天天地自然显示；小人做人的途径是：鲜明的样子，往后却一天天地渐渐消失。君子为人处世的道理是：自己淡泊而让人不厌恶，做事简略而有文采，为人处世柔和而条理井然；知道远处的情况是从近处开始的（理想是从起步开始的），知道社会上的风俗、风气是从哪儿出现的，知道隐蔽的情况后面的明显的事实，这样就是进入德行的途径。

《诗经·小雅·正月》说："潜伏在水下面活动，还是能被看得很明白。"所以君子需要内心反省而没有愧疚，在心意上没有讨厌的、不喜欢的。君子为一般人赶不上的地方，大概就是在别人看不见的地方能严格要求自己。

《诗经·大雅·抑》说："仔细看你在屋内，处在屋内西北角的阴暗之处而不羞愧。"所以，君子在未行动之前需要慎重，在不说话时需要时刻怀有诚信之心。（屋漏：指室内西北角阴暗之处，上有天窗可漏些光进来，所以称为"屋漏"。）

《诗经·商颂·烈祖》说："奉献、宽容抵达无言的意境，当时没有争论。"所以，君子不用赏赐，百姓自然会受到鼓励；不必发怒，百姓会畏惧自己犯错误而受到刑具的处罚。

《诗经·周颂·烈文》说："大力宣扬德行，诸侯就会效法它。"所以，君子需要对人忠诚厚道、谦逊有礼，天下就会太平。

《诗经·大雅·皇矣》说："我的心中怀念光明的德行，不想用疾言和厉色来讲理。"孔子说："用疾言和厉色来教化百姓，那是很浅薄的手段。"

《诗经·大雅·烝民》说："德行轻如羽毛（但很少有人举得高）。"即使犹如羽毛仍然有道理。《诗经·大雅·文王》说："天造化养育万物，既无声也无味。"造化养育万物的天道才是最高的境界啊！

思考悟道：君子之道的修行在于"修道"而忠诚，向往中庸之道——"中和""用中"

这一章以《诗经》阐释君子的为政之道，与第三部分君子之道相呼应，从第三部分君子之道为政的具体行为归纳出君子为政修行的普遍性价值。这一章作为《中庸》的结尾和总结，与开篇的总纲相呼应。开篇第一章概括人生存的中庸之道——"中也者，天下之大本也；和也者，天下之达道也。致中和，天地位焉，万物育焉"。《中庸》的主旨就是"中和""用中"，有了公正和谐的心态，有了公正的行为，才能"修道"而守道，走上正道。这一章说明君子为政的"修道"，强调德行的实行，从天道到人道，从知到行，从理论到实践，从君子笃实恭敬到天下太平。"修道"的价值观在于"君子依乎中庸"，向舜学习"用其中于民"，向贤者颜渊学习"择乎中庸"。"修道"离不开"自诚明"，由心诚而能明白正道。这一章既与《大学》君子为政、修身的主题相呼应，又对《中庸》的宗旨加以精深的概括。

中庸之道为的是"致中和，天地位焉，万物育焉"。由此，大学之道的修身，齐家，治国，平天下才可以落实。大学之道、中庸之道为的是人能在天地之道中生存得好。人怎样才能生存得好一些呢？在天道、人道合宜中才能生存得好一些。人为了生存得好怎么守道呢？从人类总体来看，离不开每一个人的守道；从社会群体角度来看，离不开政府社会管理的守道。社会群体（大众和管理者）守天道，守人道，在"率性"的基础上而"修道"，才能走上天下达道。《大学》《中庸》的主题都是从社会管理的角度提出道义。《中庸》里的君子之道，其实就是君子的为政之道，为政之道离不开自己的"修道"、修行。所以，这里的君子是指古代做官的人，用现在的话来说是社会的管理者、服务者。当然，为政的君子离不开道德高尚，所以，《中庸》的君子之道就是具体的为政、为人的"入德"之道。君子的为政之道，怎样对人、对事、对己？

第一段以《诗经·卫风·硕人》的"穿锦衣加罩衫"做比喻，说明作为管理、服务人的君子需要有面对众人平淡、温和的心态，不要炫耀自己。《菜根谭》中说："君子之才华，玉韫珠藏，不可使人易知。"虽然自己有本事、才华，但是要藏而不露。过于表现自己，一味地显示自己的聪明才智，并不是一件好事。君子的为政应该平平淡淡、实实在在地去做，不张扬、不厌倦而文雅、温和，不需要刻意地去表现自己，也不需要去渲染自己。这样的行为、态度就遵循了"喜怒哀乐之未发""发而皆中节"的中庸之道，进入了"修道"的途径而具有为人处世的德行。这一段的主语是"君子之道"，提出为政的君子需要具有的德行和遵守的道理、规律，后面第二段至第五段的主语是"君子"，具体说明为政的君子修行而"入德"的途径和要求。君子如何"入德"、入道呢？

第二段以《诗经·小雅·正月》"潜藏在深水中也能看得清楚"做比喻，君子在修行的过程中像深藏在水底，既不要有自我表现的欲望，也不要去讨好卖乖，德行修养默默地开始，处于潜伏隐藏的状态。君子修行"吾日三省吾身"（《论语·学而》），是真诚面对自己，不需要炫耀自己，所以才能无愧于心，达到心态的安稳。随着修行的深入，到达了一定的境界，德行修养自然会显现出来。君子为政只要公正而真心诚意，一心为公，所做的事都是光明正大的，自己深藏的德行未来总会被人们感受到。平生不做亏心事，半夜敲门心不惊，其内心不会有惭愧之意。人"入德"了，无所不照，根本不需要有意释放，人们就像看到潜藏在深水的鱼儿，可以感受到君子德行的光辉。君子为政之道修行的行为——内省，心诚。

第三段以《诗经·大雅·抑》"看你独处屋内阴暗角落还无愧于心"做比喻，说明君子为政需要注重为人处世的态度，不管在什么地方做事，不管怎样做事，不管面对怎样的人，哪怕暂时做不成事甚至不能说话，好像独处在阴暗的屋内可能有忧愁、烦恼，都要无愧于心而怀有谨慎之心并讲信用。这样"入德"的行为就是孔子说的为人的态度——"君子坦荡荡"（《论语·述而》），面对他人，心胸公正、宽阔，有容人之心。君子心底无私，天地宽，与人相处，注重坦然待人的态度，君子的心意正直而宽广——"子曰：'……人不知而不愠，不亦君子乎'"（《论语·学而》），"子曰：'不患人之不己知，患不知人也'"（《论语·学而》），"子曰：'躬自厚而薄责于人，则远怨矣'"（《论语·卫灵公》）。君子为政修行的行为——宽厚，守信。

第四段从《诗经·商颂·烈祖》中奉献、宽容而无言的意境说明君子为政的力量不需要多言，而在于真实的行为和效果。君子这样对待百姓，即使不赏赐百姓，百姓也会受到鼓励；面对问题，不对百姓发怒，百姓自己会畏惧。君子公正、和善地为百姓服务，即使没有表扬、奖赏，百姓也会自发地按照要求努力地去做，而且充满朝气和进取精神。君子为政修行的行为——不赏赐，不发怒，对百姓奉献，宽容待人。

第五段引自《诗经·周颂·烈文》，显示先王圣德对天下、诸侯的积极影响。尧、舜、禹等先王的美德光大显耀，其德行的光芒照耀四方，诸侯百官乃至百姓，从上到下都可能效法。君子有美德，为政就能敦厚恭敬、诚心实意，从而使天下太平。君子为政的德行不仅要笃，而且要恭。恭是对人、对事而言，态度谦虚而彬彬有礼。《尚书》有云："一曰貌，二曰言，三曰视，四曰听，五曰思。貌曰恭，言曰从，视曰明，听曰聪，思曰睿。恭作肃，从作乂，明作哲，聪作谋，睿作圣。"以貌、言、视、听、思，也就是眼、耳、鼻、舌、身感官所带来的一系列效果，指明作为君子，乃至君主、圣贤所应该有的气象。德行笃厚而且恭恭敬敬是什么样子？可以从孔子留给弟子鲜明的印象中感受到，孔子为人笃厚恭谨，诚实稳重，对人、对事、对己始终保持着笃、恭的状态。"子温而厉，威而不猛，恭而安"（《论语·述而》），"子不语怪、力、乱、神"（《论语·述而》），"子于是日哭，则不歌"（《论语·述而》），"子罕言利，与命，与仁"（《论语·子罕》）。正因为君子对人、对事、对己都抱着既笃且恭的态度，也就是《中庸》的核心思想"致中和""用其中""自诚明"，以仁、义、礼、智、信为政，所以才能齐家、治国、平天下。君子为政修行的行为——忠诚厚道，谦逊有礼。

第六段以《诗经·大雅·皇矣》说明人自己珍惜明德，但不以疾言和厉色讲理。由此鼓励君子为政需要坚守明德，要靠本身光明的德行来感召和教化百姓，而不可以靠疾言和厉色去掌控百姓。有些人说话喜欢很大声，然而有理不在声高。真正有德行、有修养的君子，往往是不动声色的，和第四段一样不对百姓发怒。从为政的角度来看，此处的"大声以色"不仅指声音大、给人脸色，而且泛指政策法律等用以管理社会的方法强硬。秦始皇统一天下是中华民族发展新的里程，但秦始皇是用声音大、拳头大的方式来统治百姓，苛政滥刑，结果秦朝短短二世而亡。这就是孔子说的事实——只用疾言与厉色来教化百姓，这是最差的手段。作为管理者，如何教化百姓？君子为政修行的行为——不以疾言与厉色化民，以仁德化民。

第七段引自《诗经·大雅·烝民》，把德行比喻为羽毛。这是特殊的思维方式，德行不是表面的形式，就像天下万物一样，德行是天下万物生存得好的自然现象。前面第二段至第六段，君子修行已经有了丰富多彩的德行，但自己有了美德教化百姓不是要把它看得很重大，自己率先垂范教化百姓的感觉需要举重若轻，与《诗经·大雅·文王》说的天相比，天地造化养育万物无声、无味，却是高山仰止的境界。天地在造化养育万物的时候，不管是自然的，还是社会的，都是无声、无味，对此谁都看不见摸不着，恰恰这样，才是高明到了极致。天地之道是伟大的，它的力量也无所不在，对天地万物的造化养育，就如同春雨滋润大地一般无声无息。人道离不开天道，也就是"天命之谓性，率性之谓道"，人道还离不开"修道"

而德才兼备。但道德不是概念化的。天道、人道，关键价值都在于能将事做好，让人生存得好。人要"修道"，有德行，体现在为自己、为别人认真做事，努力做事，快乐做事，把事做好，让自己和他人共同生存得好，而不是为了炫耀自己。天地造化养育万物是自然现象，无所谓德不德，人的生存需要德行，与人类相比，天地能造化养育万物，就是值得我们敬仰的最高境界的德行。"入德"只是为人做好事而已，不是为了自己。君子为政之道的德行与天道相比，不需要表面的高大，而是像天一样，能做好事情，也能造化养育万物。最高的境界是像天地造化养育万物一样无声、无味，在春风化雨、潜移默化中达到统领、管理好天下的目的。

作为这一章的最后一段，以"上天之载，无声无臭"为德行的中心，与这一章前面君子修行的主旨之一相通——第一段提到君子之道的"闇然"，第三段提到君子的"不言而信"，第四段《诗经·商颂·烈祖》提到"奏假无言"。这是为了说明君子为政"入德"不是为了夸耀自己，而是真心为天下人服务。从《中庸》整本书来看，这一章是全书的结尾和总结，是对《中庸》宗旨精深的概括，这一章第七段也与《中庸》开篇相呼应。《中庸》开篇的第一个字是"天"——"天命之谓性"，这一章第七段的最后一句话说的也是"天"——"上天之载，无声无臭"。人的生存以天为本，中庸、"中和"、"用中"的人道亦以天为本。天下人，以"天命""率性""修道"作为思想精神的指导，才能生存得好。《中庸》的总纲"天命之谓性，率性之谓道，修道之谓教"具有生活哲学的普遍性价值，人的生存离不开天命、天道，通过"修道"而"达道"，由此走向公正、和谐的中庸之道。

"四书"的阅读策略

　　《论语》《大学》《中庸》《孟子》是中华民族优秀的传统文化经典。读书即读人。孟子说："颂其诗，读其书，不知其人，可乎？"（《孟子·万章下》）阅读经典，可以在喧嚣浮躁的环境中遇见伟大的心灵。这十几年阅读"四书"的经历让我体会到，反复重读经典可以先慢后快，加深理解。读经典不要有畏难情绪，当自己静下心来，慢慢地仔细反复读过一两本经典，读通了，读透了，基础打好了，再读其他的经典，就没有想象中那么难了。怎样阅读经典呢？整体性细读感悟"四书"，在理解字词、意义的基础上，在"语言是存在的家"中还原生活，想象情境，深度领悟。文本解读，要注意词意、句式、段落、语境和内涵的辨析。运用哪些具体的方法来品读"四书"呢？

一、追溯字源，探究字的含义

　　读"四书"，理解汉字的甲骨文、金文、小篆的本义很重要。"道"是中华传统文化的核心思想。《大学》开篇说："大学之道，在明明德。"《中庸》开篇说："天命之谓性，率性之谓道，修道之谓教。""子曰：'君子食无求饱，居无求安，敏于事而慎于言，就有道而正焉，可谓好学也已。'"（《论语·学而》）孟子曰："得道者多助，失道者寡助。"（《孟子·公孙丑下》）

　　道的金文 🔣 = 彳（行，四通的路口）+ 🔣（首，头脑观察、思考、选择）+ 🔣（止，脚，行走），表示在岔路口帮助迷路者领路。也可以理解为一个人在十字路口自己辨别方向、确定路径而后行走。从字源来看，道的本义是走路、指路，也表示道路。引申开来，抽象、无形的"道"就是方法、途径；方法、途径恰当，具有共性就有规律的含义，也隐含道理的含义；行为符合自然、社会、人性的规律，就是道义；众多的道理抽象成系统，就是主张、思想、学说的含义。路在每个人的脚下，要靠自己走，但十字路口的陌生和迷茫也是常见的，需要别人的指示和自己的判断，于是"道"就有了说、讲的含义。"道"还和引导的"导"相通。

从"道"的字源的角度，来理解"四书"道义的内涵会更到位。俗话说的"上路子"就是守道。孔子说的正道，意思是做人做事的言行要"上路子"而遵循准则和规范——"子曰：'谁能出不由户？何莫由斯道也'"（《论语·雍也》）。人类社会的分工、合作做到公平、公正，不就是"上路子"吗？大家都守规则"上路子"，整个社会才会国泰民安。

二、细查古代汉语相关工具书，准确理解字的古义

孟子曰："不以文害辞，不以辞害志。"（《孟子·万章上》）孟子提醒人们，不以文字不正确的含义而误解词句，不以词句不正确的含义而误解作者的宗旨。

"子曰：'三人行，必有我师焉。择其善者而从之，其不善者而改之。'"（《论语·述而》）"子曰：'温故而知新，可以为师矣。'"（《论语·为政》）"子曰：'当仁，不让于师。'"（《论语·卫灵公》）

这里的"师"一般解释为老师。《古代汉语词典》里，"师"有效法，学习的含义。这里的"师"，理解为学习更符合文本的语境和孔子表达的意思。

三、细读并思考，笔记自己的所思

理解文字的含义后，需要反复阅读"四书"，边读边思考。我细读"四书"用解读文本的方法，注意还原生活，联系现实思考，注重四个"回到"——回到文本、回到语言、回到人心和回到生活，追寻自己的理解和判断。我思考后有了一些想法和感受，就用笔圈画批注。这样边读、边思考、边记的细读过程，就像观赏风景一样，能在心中留下美好的印象。

1.怎样思考呢？带着问题思考、理解、分析

怎样追求理解呢？阅读的关键是思考，没有思考的阅读就不能理解。带着问题去思考，阅读才会有一定的深度。伽达默尔说："如果没有问题被提出，我们是不能有经验的。……每一个突然想法都具有一种问题的结构。"（《真理与方法：哲学诠释学的基本特征》）

"子谓子贡曰：'女与回也孰愈？'对曰：'赐也何敢望回？回也闻一以

知十，赐也闻一以知二。'子曰：'弗如也，吾与女弗如也。'"（《论语·公冶长》）孔子和弟子子贡主动对话——你和颜渊比，谁更强一些呢？思考孔子这样问子贡的意图，可以提出两个问题：孔子为什么不让其他弟子和颜渊比？为什么不让子贡和其他弟子比，必须和颜渊比呢？这样提问、分析可以理解到，孔子如此教诲子贡，让他和贤人颜渊比较，是希望他不要恃富而骄，要向德行高尚、安贫乐道的颜渊学习，要提升自己的品德。

2. 想象、思考：还原生活，想象情境，感悟人情、人心，有所发现

"要能被启发，除了知道作者所说的话之外，还要明白他的意思，懂得他为什么会这么说。"（莫提默·J.艾德勒、查尔斯·范多伦《如何阅读一本书》）想象、思考，离不开提问。"子曰：'学而时习之，不亦说乎？有朋自远方来，不亦乐乎？人不知而不愠，不亦君子乎？'"（《论语·学而》）弟子为什么把孔子说的这段话放在《论语·学而》的开头？孔子为什么要说这段话？是在什么情况下对谁说的？为什么用反问的语气和语调？通过提问、思考和想象，我们可以感受到这是孔子对弟子谆谆教诲时说出的话。

通过思考孔子说的这段话，可以想象到孔门私塾师生面对面的情境。面对弟子，孔子的表情和颜悦色、语气和语调婉转悦耳，向他们倾诉自己的心声。孔子的反问不是强调，可以想象出他引人思索的委婉语气和心情。孔子这样说是为了引发弟子自己去思考：学习的快乐在哪里呢？怎样做才能使自己的学习快乐呢？弟子以孔子的这段话作为《论语》的开篇，我们可以想象、感受到他们对孔子教育思想、学习精神的深刻体悟。

3. 笔记自己的所思，通过表达深化理解

"四书"一章一章细读，边读边思考，有疑问或有一些想法、感受可及时批注在书上，一篇读完再一章一章整体性地融合，梳理出话题，撰写相对完整的整篇读书笔记，最后整本书系统化写成"四书"的读书心得。思考后要随时记下自己的感受，可以加深理解，使读"过"手的书，成为读"到"心的书，以滋养自己的思想和心灵。边读、边思考、边写，让一本书属于自己，就是真正理解了。阅读离不开思考，还需要通过语言表达出来——不管是说一说还是写一写。读一读，说一说，写一写，自己能表达清楚，理解才会到位。如果你知道自己在想些什么，却说不出来，其实并

不是真正知道自己想到了什么，或者自己想得不清楚。将你的感想写下来，就有了自己个性化的阅读见解。

"很多东西是在你把它变成表达后，才能反过来成为你个人的体会，或者至少我们在表达中加深了个人的体会。"（陈家琪《当代哲学问题九讲》）阅读离不开表达，在讲、写的表达中，阅读的深度探究才会到位，理解、思考的收获和体会才会显现出来。为了表达，除了写读后感，我还与同仁、书友现场交流，与他们讲《论语》(20讲)、《孟子》(4讲)、《大学》(4讲)、《中庸》(3讲) 的读后感。表达相对于阅读而言，是停下来观赏、感受、品味，而阅读主要是"行走"。如果只是"行走"，而没有停下来观赏、品味，则无法感受、欣赏到美丽的"风景"，也就不能把"风景"留在自己的心中。阅读并表达可以使读过的书属于自己，读出自己，读到、读懂自己，读悦自己。

四、整体性阅读，整章、整篇、整本书融合

"任何一本值得读的书，都会有一个整体性与组织架构。"（莫提默·J.艾德勒、查尔斯·范多伦《如何阅读一本书》）相对完好的书都有睿智的架构，每个部分有独立性，跟其他部分又有联系，整本书融为一体。"四书"里的整章、整篇有独立性，整本书又具有系统化、整体性结构。整章、整篇融合起来读，可以避免断章取义。每一章、每一篇再联系整本书，从整体性上可以加深理解。

1. 整章融合起来读，避免断章取义，整体理解书的主旨

《大学》第一章第一段提出："大学之道，在明明德，在亲民，在止于至善。"大学之道怎样才能"近道"呢？整段话前后融合起来阅读，就可以理解到位。《中庸》第一章第一段提出："天命之谓性，率性之谓道，修道之谓教。"怎样"修道"呢？整段话前后融合起来阅读，就可以理解到位。当然，"近道""修道"联系整本书来理解其内涵会更丰富多彩。"子曰：'父母在，不远游，游必有方。'"（《论语·里仁》）联系"游必有方"来理解这段话，对"父母在，不远游"就不会误解了。"子曰：'吾十有五而志于学，三十而立，四十而不惑，五十而知天命，六十而耳顺，七十而从心所欲，

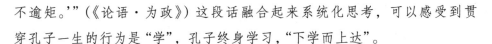

不逾矩。'"(《论语·为政》）这段话融合起来系统化思考，可以感受到贯穿孔子一生的行为是"学"，孔子终身学习，"下学而上达"。

2. 整篇梳理，提炼要点，有条理、组织架构

《孟子》的第一篇（卷一）七章，是孟子与君主的对话。第一章孟子表达的思想主题是"仁义"，后面六章孟子都以仁义、仁政与君主对话。从这一篇整体梳理，可以感受到孟子民本思想、天下情怀和人道主义的核心价值。《论语》二十篇，每一篇都有主题，当然第一篇、第二篇还有综合性。《学而》第一以"学"为主；《为政》第二以"为政"为主；《八佾》第三以"礼"为主；《里仁》第四以"仁"为主；《公冶长》第五、《雍也》第六、《先进》第十一，重点是孔子评价学生，寓教于评；《述而》第七、《子罕》第九、《乡党》第十，重点是孔子教育生涯、人生经历的自述，体现其品德、思想和智慧，还有弟子描述、记录的孔子的言行，表达孔子的品德和人格；《子路》第十三重点是孔子为政的正道；等等。《大学》《中庸》每一篇的主题都与整本书的主旨相通。

3. 整本书融通，整体性提炼核心思想

通过整本书分析、梳理、评价，再整体性提炼，可以提纲挈领。"从最重要的句子中抓出作者的重要主旨"，"找出关键字，与作者达成共识"（莫提默·J.艾德勒、查尔斯·范多伦《如何阅读一本书》）。从整本书系统化思维角度来理解，从《论语》里最重要的三个句子——"学而时习之，不亦说乎"，"为政以德"，"里仁为美"——我们就能找到孔子的核心思想是"为学""为政""为仁"。

梳理、提炼《论语》，"学"和"仁"是《论语》的关键字，是孔子思想观念的核心和为人之道，贯穿整本书。《论语》里，"学"是贯穿始终的实践律、精进律，体现为人生观。"仁"是贯穿始终的道德律、人格律，体现为价值观。《论语》对后世的人、当下的人的启示就在"学"和"仁"这两个关键字上。"学"和"仁"对人类来说具有永恒的教育价值，是人间万世的正道。有了"学""仁"的人生观、价值观，就可以以民为本。这是孔子对社会管理的世界观追求，其政治主张"为政以德"亦贯穿《论语》整本书，希望国泰民安。"学""仁"这两个字，乃天下之大治，"下学而上达""里仁为

美"；善"学"不得糊涂，有仁心不会伤人。

　　《大学》整本书的核心思想是格物，致知，诚意，正心，修身，齐家，治国，平天下，由此走上大学之道——"明明德"，"亲民"，"止于至善"。《中庸》整本书的核心思想是"天命之谓性，率性之谓道，修道之谓教"，由此走上中庸之道——"致中和，天地位焉，万物育焉"。《孟子》整本书的核心思想是"仁义"，由此追求国泰民安的理想国。

五、主题阅读：促进思维碰撞，拓宽视野，串联思考

　　主题阅读是阅读者围绕主题多读书，不只是读一本书，为的是深化理解。如果只读《论语》一本书，能有宽广深厚的理解吗？为了真正理解《论语》，我阅读了有关《论语》的解读、儒学、孔子传记等书五十多本。读《大学》《中庸》《孟子》时也各自读了相关的书十多本。从主题出发多读书，列举出这些书之间的关联之处，提炼这些书中都谈到的主题。这样的主题阅读，会很有收获。因为主题阅读，阅读"四书"的收获更丰富，既可以读出博大精深的思想、学问，又可以读出活生生的、精神不灭的孔子、孟子等圣贤。

六、重读经典，先慢后快，表达也得到提升

　　"经典是那些你经常听人家说'我正在重读……'而不是'我正在读……'的书。""一部经典作品是一本每次重读都像初读那样带来发现的书。"（伊塔洛·卡尔维诺《为什么读经典》）十几年，我重读"四书"，经历了先慢后快的过程。2007年到2008年，我细读《大学》和《中庸》，写了读书笔记三万多字。2009年到2014年，我用五年时间细读《论语》，写了读书笔记十五万多字，2015年出版《〈论语〉里住着的孔子：一位普通教师的〈论语〉阅读笔记》。2016年到2017年3月，因为有了前五年慢读《论语》的经历，所以我用十五个月细读完《孟子》，写了读书笔记二十多万字，2017年出版《孟子的理想国：一位普通教师的〈孟子〉阅读笔记》。2022年重读《大学》《中庸》，修改、补充十几年前的读后感，写了十万多字，即将出版《大学之道　中庸之道》。

每次重读《论语》都有新的发现，自己的理解、感悟不断提升。因为一直重读，想到《〈论语〉里住着的孔子：一位普通教师的〈论语〉阅读笔记》原版本需要修改、补充，表达得更精细一点，2018 年 3 月到 10 月，我用八个月时间完成增订版，在原稿十五万多字基础上增加了十二万多字，2019 年出版。连续重读《论语》，又想到要表达至圣先师孔子的教育智慧，2020 年我用半年时间写了十万多字，2021 年出版了《〈论语〉里孔子的教育智慧》。2022 年连续重读《论语》，从真实《论语》、真人孔子的视野具体感受到孔人的为人处世，写了十篇文字（每篇两千多字）。孔子的为人处世体现在十"情"：为人情真，处世情诚，学习情智，仁爱情深，生活情趣，修身情韵，天下情怀，山水情思，师生情浓，教育情愫。

经典相对来说是难读的好书，更高层次的书。如果真正经历了阅读的过程，就可以提高阅读技巧，与经典一起成长，看到新的事物、真理，帮助我们的心智保持活力并成长。经典，常读常新；经典，读千遍也不厌倦；经典，如灯塔指明人的航程；经典，永远警示天下之正道；经典，永远伴随、启迪读者，让他们受益终身……这是细细品读"四书"，我对经典魅力的切身体验，把这感受与诸位分享，希望更多同仁、书友早点走出阅读经典的困境和误区，尽快接触经典。阅读经典，我们可能觉得有些难，其实如果你真的把它捧起来，主动阅读，分析阅读，主题阅读，细读，重读，就没有你想象的那么难了；只要打开这扇门，敢于走进去，肯定能进入经典的美妙世界。传统文化，扎根在未来；经典，一定会向我们走来。

感恩广西师范大学出版社连续出版我读"四书"读后感的三本书，感恩编辑的校对、修改，感恩每一位阅读此书的书友。

本人学识浅陋，书中存在的问题敬请广大读者批评指正。

何伟俊

2023 年 11 月 8 日